『毛泽东查刘少奇档案』

——真相调查——

戴茂林 ◎ 著

中共中央党校出版社

图书在版编目（CIP）数据

“毛泽东查刘少奇档案”真相调查/戴茂林著．
—北京：中共中央党校出版社，2016.1
ISBN 978-7-5035-5754-5

Ⅰ.①毛…　Ⅱ.①戴…　Ⅲ.①中国共产党-党史-历史事件-研究　Ⅳ.①D232

中国版本图书馆 CIP 数据核字（2015）第 300859 号

“毛泽东查刘少奇档案”真相调查

责任编辑　曲　炜　楚双志
版式设计　尉红民
责任印制　王洪霞
责任校对　马　晶
出版发行　中共中央党校出版社
地　　址　（北京市海淀区大有庄 100 号）
电　　话　（010）62805830（总编室）　（010）62805821（发行部）
　　　　　　（010）62805034（网络销售）　（010）62805822（读者服务部）
传　　真　（010）62881868
经　　销　新华书店
印　　刷　三河市华润印刷有限公司
开　　本　700 毫米×1000 毫米　1/16
字　　数　137 千字
印　　张　12.75
版　　次　2016 年 1 月第 1 版　2016 年 1 月第 1 次印刷
定　　价　32.00 元

网　　址：www.dxcbs.net　**邮　　箱**：cbs@ccps.gov.cn
微　信 ID：中共中央党校出版社　**新浪微博**：@党校出版社

笔者 1998 年 9 月 24 日在高岗家乡陕西省
横山县高家沟村与了解高岗情况的老乡座谈

笔者 1999 年 2 月 2 日在赵家梁北京寓所对其访谈

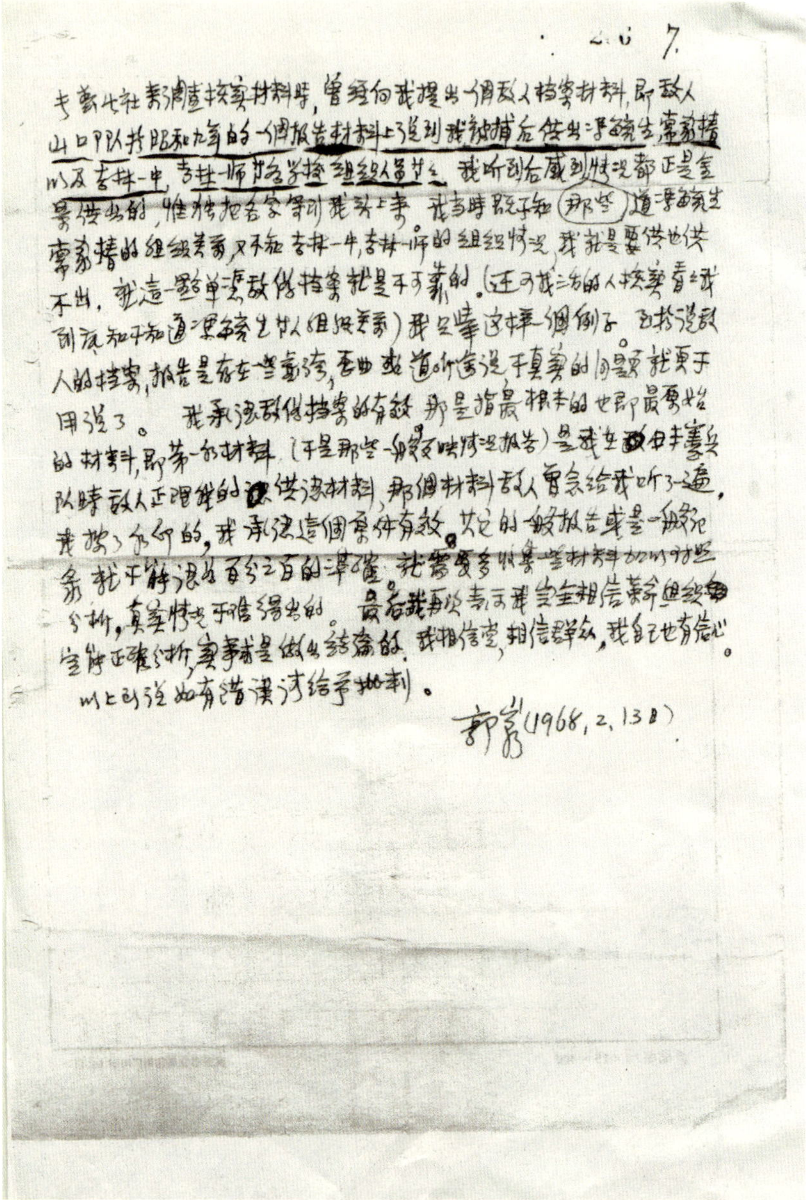
7

去歲七社表[illegible]清查档案材料時，曾經向我提出一個敵人档案材料，即敵人山口部队長照和九年的一個报告材料上說到我被捕后供出淨颂生、塞家楨以及吉林一中、吉林一师的各学校組织人員等。我听到后感到情况都正是全是供出的，准将把全家等到我头上来。我当時既不知（那些）道淨颂生塞家楨的組织关系，又不知吉林一中、吉林一师的組织情况，我就是要供也供不出。就這一點来说敌伪档案就是不可靠的。（还可找三方的人核实看我到底知不知道淨颂生等人組织关系）我只举这样一個例子。至於說敵人的档案，报告是存在些夸大的，要由我逐一加以说明其真实的問題就更不用说了。 我承认敌伪档案的有效，那是指最根本的也即最原始的材料，即第一手材料（不是那些一般反映情况报告）是我在敌日本宪兵队時敌人正理的[illegible]供述材料，那個材料敌人曾念给我听了一遍，我按了手印的，我承认這個案件有效。其它的一般报告或是一般记录我並不能说是百分之百的準確，就需要多做些材料加以对照分析，真实情况不难得出的。 最后我再次表示我完全相信黨组织定能正確分析，实事求是做出结论的。我相信党，相信群众，我自己也有信心。以上所说如有错误请给予批判。

郭峰（1968.2.13日）

郭峰在“文化大革命”期间就清理敌伪档案工作所写“交代材料”的最后一页

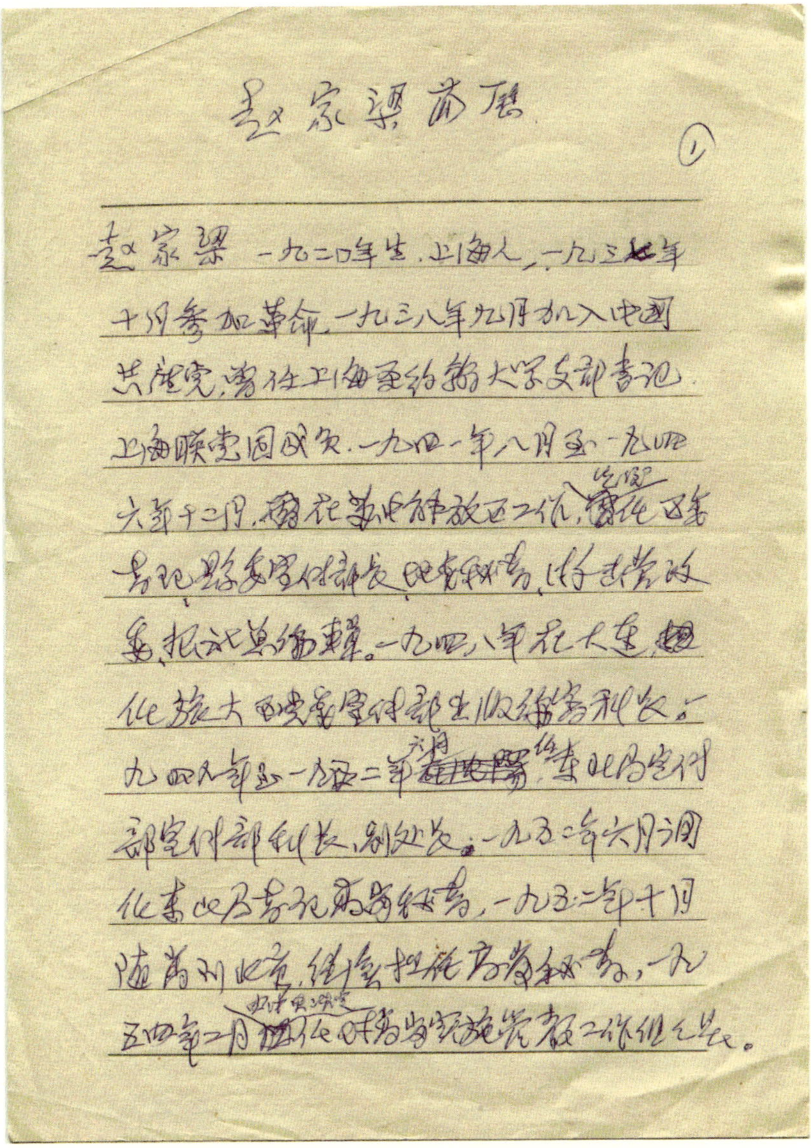

赵家梁简历

①

赵家梁 一九二〇年生，上海人，一九三七年十月参加革命，一九三八年九月加入中国共产党，曾任上海圣约翰大学支部书记、上海联党团成员。一九四一年八月至一九四六年十二月，在苏北解放区工作，先后任区委书记、县委宣传部长、地委秘书、《行署党政》报社总编辑。一九四八年在大连，任旅大区党委宣传部出版编审科长。一九四九年至一九五二年六月任东北局宣传部科长、副处长。一九五二年六月调任东北局书记高岗秘书，一九五二年十月随高到北京，任国家计委主席高岗秘书，一九五四年二月任对高岗问题审查工作组组长。

赵家梁 1999 年 2 月 3 日为笔者写的《赵家梁简历》的第一页

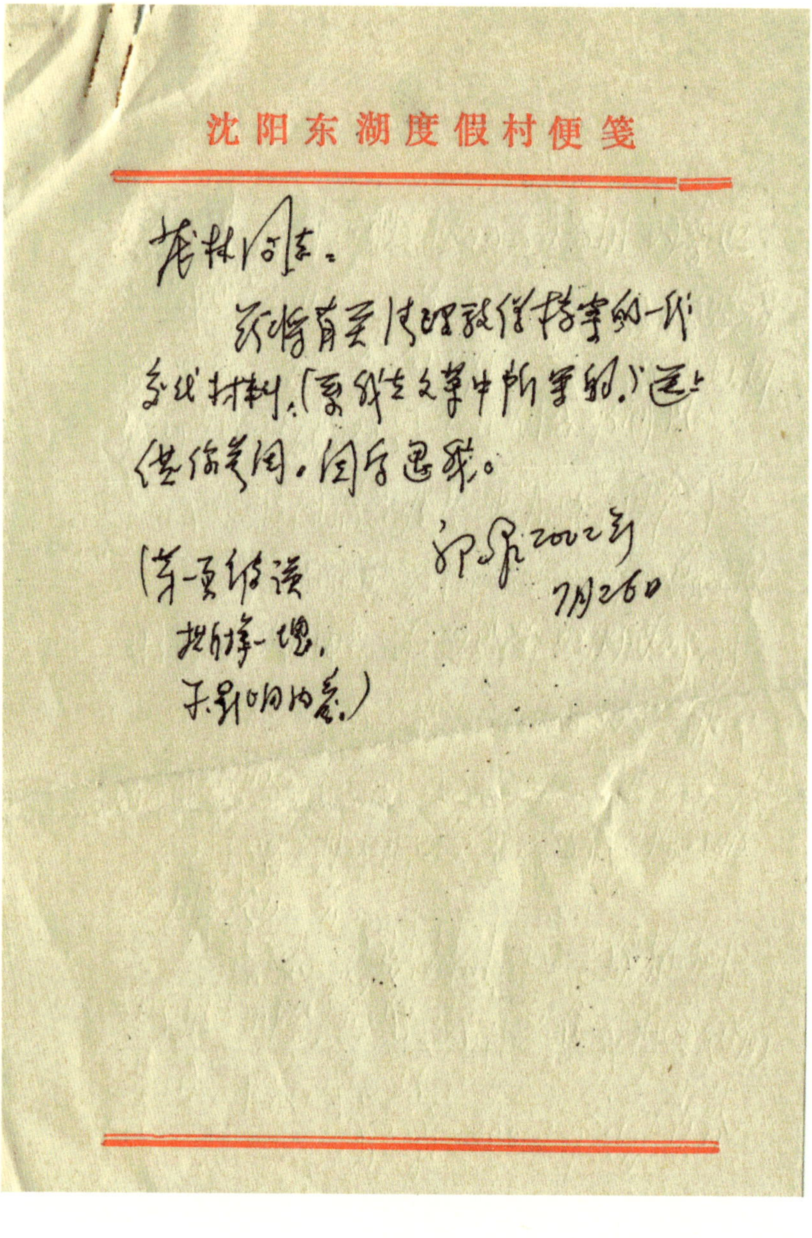
沈阳东湖度假村便笺

龙林同志：

现将有关清理我个人档案的一些参考材料（写我在文革中所写的）送上供你参阅。阅后退我。

郭峰 2002年7月26日

（第一页信头把它撕一块，不影响内容）

郭峰 2002 年 7 月 26 日给笔者的信

目　录

中篇 考证

下篇 结论

附录　史料

引 子

从《高岗秘书谈“高岗事件”》一文谈起

《炎黄春秋》杂志2013年第6期，发表了一篇署名杨继绳的文章：《高岗秘书谈“高岗事件”》（以下简称《杨文》）。

《杨文》的内容是作者于2001年9月26日和10月4日，对曾任高岗秘书的赵家梁进行的两次访谈记录。内容涉及到高岗与毛泽东和刘少奇的关系等一系列与高饶事件相关的敏感话题，约有1.3万多字。

本来，这些问题在赵家梁与张晓霁所著的《半截墓碑下的往事——高岗在北京》（以下简称《高岗在北京》）一书中早有叙述。但是，由于《高岗在北京》这部书是2008年7月在香港出版的，并未在大陆公开发行，了解此书内容的人不多。所以，《杨文》发表后立刻引来了众多媒体的关注。在网上百度一下此文，即可见几百条的转载和报道。其中很多标题不是用《高岗秘书谈“高岗事件”》的原文题目，而是把《杨文》中的某句话作为标题大肆渲染。“凤凰网”2013年6月15日转载此文时就用了这样一个耸人听闻的标题：

《高岗秘书：若高岗把私话端出，主席就分裂党了》

为什么“凤凰网”会用这样一个直接指向毛泽东“分裂党”的标题来转载《杨文》呢？这其中固然有“标题党”为了吸引

受众眼球的目的，但更为重要的原因，是《杨文》中提出了一个非常重要的观点：

高岗反刘少奇的观点大部分是从主席那里来的。

支撑这一观点的证据，就是文中反复强调的所谓"查档事件"：

从1952年冬到1953年春，毛、高二人在接触时讲了很多私房话。高岗后来在检查中说："我对刘少奇政治上的看法不是我自己的，是我听别人讲的，是我捡的。""别人"指谁？是毛。高岗进京前，毛让他查东北的敌伪档案，看刘在东北被捕的表现如何。

如果高岗把毛的私房话都端出来，那毛不就成了分裂党、成了反党？所以决心把高岗端出来。

《杨文》中还写道：

毛让高岗查东北的敌伪档案，看刘少奇被捕后的表现。高岗让组织部的人去查的。郭峰是布置这件事的主要领导人。这事高岗告诉了陈云、张秀山。但他们从来不讲这件事。"文革"中，郭峰下面做这件事的人把调查的材料交给了"四人帮"，成了刘少奇的一大罪状。郭峰还在，干这件事的人还在。

看到这里，想必读者们都明白了，这篇文章之所以吸引人们的眼球，是因为作者力图通过赵家梁的叙述告诉大家，早在新中国成立初期，中国共产党的最高领袖毛泽东就不相信他的助手刘少奇。证据，就是毛泽东布置他的亲信高岗，私下里去查刘少奇的档案，看刘少奇早年在东北被捕时的表现。因此，真正分裂党的不是高岗，而是毛泽东。

然而，事实究竟如何？果真如《杨文》所言，毛泽东曾经私下里布置高岗去查刘少奇的档案了吗？

历史不是任人摆布的孩子，即使事实被迷雾所笼罩，真相也只能有一个。

笔者自 1995 年承担了中国中共党史人物研究会的《高岗传》写作任务以来，与传述这起“查档事件”的高岗夫人李力群、高岗秘书赵家梁以及所谓的“干这件事的”郭峰等人有过多次交谈。虽然如今他们大多已经离世了，但他们当时叙述的文字记载还在，有关的史实还可以查证，历史的真相完全能够揭开。

下面，请看笔者就这起扑朔迷离的“查档事件”所进行的调查。

上篇

流传

调查一起事件的真相，自然要从事件发生的源头讲起。因此，虽然《杨文》是从对高岗秘书赵家梁的访谈来说“查档事件”，但我们关于“查档事件”真相的调查，则要从更早传播此事的高岗夫人李力群的叙述讲起。

一、高岗妻子李力群对来访者的叙述

凡事皆有源。论及这起“查档事件”的流传，要从高岗夫人李力群谈起。

因为正是由于李力群对一些来访者的首先叙述，才让这起所谓的“查档事件”流传开来。

1. 高岗在黄土地的升起

说起高岗夫人李力群，自然要先介绍此次“查档事件”的核心人物——高岗。

因为1938年就参加革命的李力群虽然资历不浅，经历不凡，但她之所以如此的备受关注，主要还是因为她是曾任国家副主席高岗的第二任夫人。

至于高岗为什么能在新中国成立时荣任国家副主席的高位，就需要从高岗的人生经历及西北革命根据地的曲折发展讲起。

高岗，原名高崇德，字硕卿，1905年10月25日（农历九月二十七日）诞生于陕西省横山县武镇乡高家沟村（当时属米脂县）的一个贫苦的农民家里。

笔者是1998年9月来到高家沟村调查高岗家庭情况的。那时虽然已经不可能看到当年高家沟村的风貌，但此时的高家沟村仍无公路，百十户人家的主要交通工具还是毛驴车。一阵阵西北风掠过村后裸露的山皇庙山，将带沙的黄土撒满高家沟村的沟沟坎坎，并穿过带孔的窗纸飘落在窑洞的炕上和地下。

在高家沟村，笔者请来了一些了解高岗小时候经历的老人。这些乡亲们回忆说：

高岗小时很调皮，也很勇敢，娃娃们都拥戴他为头头。他经常领着孩子们去讨饭，也经常和别村的孩子们打架。有时候，他坐在炕上，装作山大王，让娃娃们给他磕头。

很显然，虽然高岗小时是孩子王，但讨饭娃娃高岗的童年生活与他同时代的孩童们也不会有太大的区别。不过，高岗的父亲高仲来虽然以种地为生，可他曾经当过驴伢子（贩驴），脑瓜比较活泛，知道读书的重要。因此，他在1915年冬把年仅10岁的高岗送到了武家坡读私塾，又于1918年把高岗送到了米脂县龙镇小学读书。

由讨饭娃娃到读书郎，虽然高岗的生活环境发生了重大改变，但十几岁的高岗仍然是个孩子。然而，在封建传统的束缚下，即使是不谙世事的孩童，也要肩负起传宗接代的重任。

1921年，年仅16岁的高岗在父母的包办下开始了他的第一次婚姻。

高岗的原配夫人杨芝芳，1905年11月7日生于陕西米脂县郭兴庄乡杨家印村一个贫农家庭。杨家印村与高家沟村相距仅十几里路，但婚前二人并未谋面。

与杨芝芳完婚后，高岗仍去龙镇小学读书。1922年，高岗又进入横山规模最大的“横山第一高级小学”（简称“一高”）读书。

现代学堂往往成为新思想传播的主要阵地，这是中国革命的一个特点。高岗入一高的1922年，中国共产党已经诞生，以马克思主义为代表的先进思潮正通过大中城市向城镇扩散。特别是到了1925年，国共合作掀起的大革命高潮也波及到了偏远的横山，宣传新思潮的各种书刊在学生们中广泛流传，高岗自然也受到了一定程度的影响。

1925年春，高岗因积极参加一高反对奴化教育的学潮，与曹动之等5人被开除学籍。但进步学生并未屈服，高岗等被开除的学生徒步前往榆林镇道署申诉。他们来到榆林后，受到了榆林中学校长杜斌丞的亲切接见和鼓励，榆林中学学生自治会会长刘志丹也与高岗等横山一高的学生代表进行了交谈。

这也是高岗与后来成为陕北根据地头号创始人的刘志丹的初次见面。

在杜斌丞和刘志丹等人的帮助下，榆林各学校学生会负责人召开了联席会，高岗等在会上报告了一高学潮的起因与经过，与会者一致表示支持一高学生的合理要求。在学生义愤填膺，民怨渐渐上升的巨大压力下，又有社会名望极高的杜斌丞先生亲自出面斡旋，迫使横山县当局做出让步，遂使学潮取得了胜利。高岗等人也在一高学潮后，于1925年秋进入历史悠久名人辈出的榆林中学读书，并在榆林中学读书期间，于1926年经胡立亭、史唯然介绍，加入了中国共产党。

1927年2月，高岗来到西安中山军事学校学习。中山军事学校是在中国共产党的倡导下开办的，校长及学校的主要负责人都是中共党员。高岗在党组织的领导下，经常活跃在西安市的大街小巷，贴标语，撒传单，秘密运送武器弹药，开展革命活动。

然而，1927年4月12日，蒋介石在上海突然发动反革命政变，革命形势急转直下。6月的一天，中山军事学校校长史可轩得知敌人要对高岗等几名中共党员下毒手，便及时通知了中共党组织。在党组织的安排下，高岗星夜离开西安，于1927年6月辗转数日回到了老家横山县，并在横山县党组织的领导下，积极组织发动农民抗捐、抗租。

1928年秋，党组织决定高岗离开横山，到佳县、吴堡一带组织群众抗粮抗捐。不久，又调高岗到肤施县（延安县）开展地下工作。

中共陕北特委是1928年4月正式成立的。1929年四五月间，中共陕北特委在榆林红石峡举行扩大会议，研究加强武装斗争等问题，决定在当前形势下，工作的重点要由学运、农运转到兵运上来。这次会议要求大部分党员要打入到国民党内部去做兵运工作，“借水养鱼”，以建立中共领导的人民武装。会后，时任中共陕北特委军委书记的刘志丹来到延安布置贯彻会议精神，向当时正在延安的高岗等中共党员传达了会议的主要内容。

1930年春，军阀冯玉祥为准备中原大战，把甘肃、宁夏的主力部队调到了河南一线，委任土匪出身的苏雨生为骑兵四师师长，留守宁夏平罗。苏雨生见有机可乘，便竖起大旗，广招兵马。中共陕北特委抓住这一开展兵运工作的有利时机，先后派遣刘志丹、谢子长等一批共产党员，打入苏雨生部。苏雨生部第八旅第十五团团长王子元，与刘志丹、谢子长相识，比较开明，愿意借助一些年轻有为的先进分子来扩充自己的实力。于是，中共陕北特委决定把该团作为兵运的重点，先后派遣共产党员张东蛟、高岗、张秀山、贺晋年、高鹏飞等到该团，成立了一个实际上由共产党员领导的学兵队，张东蛟、高岗为学兵队正副队长。

苏雨生在宁夏大肆扩充实力，威胁到了“五马”（马鸿逵、马鸿宾、马步青、马步芳、马青宛）在宁夏的统治地位，引发了“五马”与苏雨生之间的军阀混战。刘志丹、谢子长借机带领着党组织控制的一部分队伍，转移到了甘肃的庆阳地区。但正当部队积极扩充准备寻机起义的时候，遭到了军阀部队的袭击，部队在三道川被打散。

“三道川兵败”后，刘志丹、谢子长去向陕北特委汇报情况，高岗则辗转回到了老家高家沟。

1931年春，中共陕西省委指示刘志丹继续与苏雨生部合作，争取联合苏雨生部参加到计划中的西北反蒋大同盟中。刘志丹接省委指示后，立即率部来到了彬县，任苏雨生部团长，驻守旬邑织田镇。但反复无常的苏雨生在国民党陕西省党部的指示下，寻机逮捕了刘志丹，将刘志丹押入彬县大牢。

刘志丹的被捕引起了中共陕西省委的高度重视，立即想方设法组织营救，并委派当时负责省委交通工作的高岗赶到彬县探望刘志丹。

高岗是离开老家高家沟后来到位于西安的陕西省委机关担任交通工作的。接陕西省委的指示后，高岗即只身一人来到了彬县监狱，与刘志丹会面。

在陕西省委的努力下，经多方营救，刘志丹得以出狱，并于1931年5月打进平凉甘军新编十三师陈圭璋部，开展兵运工作。

这期间，中共陕西省委制定了一个策动甘肃五个旅兵变、建立桥山根据地的计划，并委派与刘志丹多次交往的高岗去平凉与刘志丹商讨兵变事宜。

然而，这些单纯的兵变明显带有盲动的痕迹，过多依赖于军阀，没有和农民运动相结合，因而都没有取得成功，刘志丹率领的部队也在与军阀陈圭璋部冲突中被打散。

部队被打散后，刘志丹只身回到了南梁堡，高岗则又返回了西安的陕西省委工作。

1931 年 9 月，阎红彦领导的中国工农红军晋西游击队西渡黄河，进入陕北。10 月下旬，晋西游击队转战到陕甘交界的南梁堡地区，找到了在这里活动的刘志丹。

南梁堡位于桥山山脉的中段，地处陕甘两省边界，反动力量统治薄弱，地理位置十分优越，是积粮屯兵、建立革命根据地的理想之地。刘志丹于陈圭璋部兵变后来到这里，已经拉起了一支几百人的武装。这支武装与晋西游击队汇合后，势力大增，成为中共陕西省委领导的主要武装力量。

为了加强对这支党直接领导的武装力量的领导，1931 年 10 月 30 日，中共陕西省委派谢子长、高岗来到了南梁。两人来到部队后，向部队传达了省委的指示，成立了新的队委会，由谢子长任书记，刘志丹、阎红彦、杨重远、高岗等为委员。

1931 年 12 月下旬，中共陕西省委根据九一八事变后中日民族矛盾急剧上升、西北地区人民抗日运动日益高涨的新形势，决定将党领导的部队改编为西北抗日反帝同盟军，由谢子长任总指挥，刘志丹任副总指挥，杨重远任参谋长。1932 年 2 月 12 日，根据中共陕西省委的指示，西北抗日反帝同盟军在甘肃省正宁县三甲原改编为“中国工农红军陕甘游击队”，由谢子长任总指挥、高维翰任政委兼队委会书记、杨重远任参谋长。陕甘游击队下辖步兵大队两个，警卫大队、骑兵大队各一个。高岗任步兵大队第二大队政委（刘志丹此时已去省委汇报工作）。

当时的中共中央正在推行“左”倾盲动路线，陕西省委也在教条主义地执行“左”倾盲动政策，对于陕甘游击队的领导朝令夕改，不讲实际。1932 年 2 月末，省委书记杜衡以省委特派员的名义前来部队“视察”。

在杜衡来到部队之前，部队曾经两次攻打正宁县政府所在地山河镇，但皆因敌强我弱，相继失利。杜衡来到部队后，批评谢子长是“游而不击”、“梢山主义”，并以两次攻打山河镇未克为借口，撤销了谢子长的总指挥职务。

1932 年 4 月中旬，陕西省委决定撤销陕甘游击队总指挥部，部队改编为陕甘游击队，下辖三、五两个支队，刘志丹任三支队队长，阎红彦任五支队队长。高岗任三支队二大队长兼政委。

1932 年 4 月 20 日，中共中央作出了《关于陕甘游击队的工作及创造陕甘边新苏区的决议》，决定陕甘游击队的番号为中国工农红军二十六军四十二师。

1932 年 5 月 10 日，陕西省委又决定恢复陕甘游击队总指挥部，由刘志丹任总指挥，高维翰任政委。

总指挥部恢复后，具有丰富革命斗争实践经验的刘志丹率领部队连续战斗，取得了一系列胜利。但在攻打临镇的战斗中，阎红彦率五支队担任正面主攻，高岗率领二大队占领该镇东山，掩护主力。由于敌人进攻猛烈，高岗率部未能守住东山，带领 10 余人撤出了战斗，致使攻入镇内的我军损失很大。

高岗在临镇失守后，积极收拾残部，继续在战斗中寻找大部队。但在接下来的安条岭战斗中，部队再次被打散，高岗也腿部负伤，只身一人拄着一根树棍来到老乡家里躲避养伤。后来辗转数日，于1932年6月底回到了陕甘游击队。

由于高岗对临镇战斗的失利负有一定的责任，游击队队委会决定给予高岗撤销党内职务处分，并将高岗调回西安中共陕西省委，从事兵运工作。

1933年7月28日，高岗与在西安的中共陕西省委主要领导杜衡、萧章、贾拓夫等在西安东大街骡马市福盛楼饭馆以吃饭为掩护，开会研究西北民众抗日义勇军行动计划等问题。会议尚未开完，叛徒陈建文便带领着一帮国民党特务闯入饭店。杜衡、萧章刚一出门便遭逮捕，正在算账的贾拓夫发现不妙，机智地从后门跑掉，高岗也趁乱跑开脱险。

高岗于1932年6月离开陕甘游击队到省委工作后，陕甘游击队并未摆脱困境，反而进一步受到“左”倾冒险主义的影响。1932年12月18日，杜衡又以中共中央北方局特派员、陕西省委代表的身份来到游击队。12月22日，游击队在宜君杨家店子召开党员会议，由杜衡传达了中共陕西省委改编陕甘游击队为中国工农红军第二十六军第二团的决定。军政委兼团政委杜衡，党委书记汪锋，团长王世泰，参谋长郑毅，政治处长刘志丹，参谋处长杨重远，经理处长刘约三，管理处长杨琪，青年团书记史克寿。红二团下辖一个骑兵连、一个步兵连和一个先锋连，共200余人。

红二团组建后，决定在位于耀县西北的照金地区建立革命根据地。这里地当耀县、三原、淳化、旬邑、宜君、同官六县之交，沟壑纵横，山峦重叠，地势险峻，是建立根据地的理想之地。部队开赴照金后，很快就消灭了当地民团，并帮助当地党组织建立起游击队。

1933年3月8日，中共陕甘边特委在照金成立，书记金理科，军委书记习仲勋。同时还成立了陕甘边游击队总指挥部，由李妙斋任总指挥。3月下旬，红二团进入三原武宇区，组建了红二十六军渭北游击队总指挥部，黄子祥任总指挥。随后，又陆续建立了十几支游击队。

1933年4月5日，中共陕甘边特委在照金召开了陕甘边工农兵代表大会，选举产生了陕甘边革命委员会，主席周冬至，副主席习仲勋。至此，东起香山，西至淳化原畔，南抵高山槐，北至马栏，东西50余里，南北80余里，以薛家寨为中心的照金革命根据地基本形成。

然而，形势的好转却使杜衡的头脑发热，他不顾刘志丹等的反对，强令红二团乘胜南下，创建渭华新苏区。结果，部队在南下抵达蓝田张家坪时，遭遇强敌伏击。指战员虽经血战，但仅有不足百人得以突围。

历经磨难建立起来的第一支西北红军主力，就这样被打散了。

杜衡是在红二团南下不久只身一人返回西安省委的。他回西安后，即在福盛楼被捕后叛变。而高岗则是在福盛楼逃脱后按照与贾拓夫的商定，直奔照金苏区。

本来按照贾拓夫与高岗的商定，也是中共陕西省委以前就做好的安排，高岗是到位于耀县的王泰吉骑兵团工作。但王泰吉骑兵团于1933年7月21日在耀县起义后，在三原辘轳把被敌人打散，余部已经退到了照金，所以，高岗在西安脱险后，就直接来到了照金。

高岗于1933年8月初到达照金地区时，革命形势已经处于非常危急的时期。

红二团南下后，中共陕甘边特委将渭北游击队改编为红二十六军第四团，由黄子祥任团长，同时建立了新的渭北游击队。1933年7月21日王泰吉骑兵团在耀县起义后，成立了“西北民众抗日义勇军”，中共耀县县委也乘势建立了耀县革命委员会和耀县游击队。西北民众抗日义勇军失败后，王泰吉率领余部百余人，于8月初进入照金根据地，耀县游击队也于此时来到这里。然而，几支革命力量尚未站稳脚跟，敌人又纠集了9个团的兵力向渭北根据地发起了进攻，大批共产党员、共青团员和革命群众惨遭屠杀，渭北根据地也被敌人所占领。

在此关键时期，高岗作为中共陕西省委代表，与陕甘边特委一道，于1933年8月14日在照金陈家坡召开了对重建红二十六军有决定性意义的党政军联席扩大会议，即著名的“陈家坡会议”。

当时的陕甘边特委就在照金，汇集到照金的革命武装主要有红四团、耀县游击队、西北民众抗日义勇军及几支游击队。因此，参加会议的人员有陕西省委的代表高岗，西北民众抗日义勇军总司令王泰吉，陕甘边特委负责人习仲勋、张邦英、秦武山，红四团团长黄子祥、政委杨森，陕甘边游击队总指挥李妙斋，耀县游击队队长王伯栋、政委张秀山以及其他几名军队干部。

“陈家坡会议”的主要议题是研究陕甘边地区的革命力量如何统一行动、怎样创建主力红军的问题。虽然会上争论激烈，但最终还是统一了思想，确定了正确的路线。

在这次对重建红二十六军具有决定性意义的党政军联席扩大会议上，代表陕西省委参加并主持会议的高岗力主将分散的小股革命武装力量统一起来集中行动，坚持创造陕甘边革命根据地的正确方针，并基本上统一了与会者的思想。他本人也在这次会议上被推选为新成立的陕甘边红军临时总指挥部政委。

“陈家坡会议”后，部队按照会议确定的“集中主力，不打大仗，集小胜为大胜”的战略方针，频频出击，节节胜利。1933 年 10 月 4 日，刘志丹又由南山脱险回到照金，被任命为副总指挥兼参谋长，更加强了部队的领导力量。

10 月上旬，敌人调集了 4 个正规团和 6 个县的民团共 6000 余人，向照金根据地发动了大规模的进攻。虽经血战，但坚持了 10 个月之久的照金根据地终于失守，使陕甘边红军再次陷入漂泊的困境。

为了决定红军的下一步行动方向，1933 年 11 月 3 日至 5 日，陕甘边红军临时总指挥部在甘肃省合水县包家寨召开会议，作出了三项极其重要的决定：第一，撤销陕甘边红军临时总指挥部，恢复中国工农红军第二十六军，首先成立红二十六军四十二师，由王泰吉任师长，高岗任政委，刘志丹任副师长兼参谋长；第二，开辟陕北、陕甘边、关中三个游击区。在这三个游击区分别由四十二师派出一些干部，建立三路游击队；第三，军事后方移至南梁，创建以南梁堡为中心的陕甘边革命根据地。

南梁位于陕甘两省交界处，是开展游击战争建立根据地的理想之地。红四十二师于 1933 年 11 月中旬进入南梁地区后，经过艰苦战斗，创建了南梁根据地。

虽然高岗为红二十六军的重建和南梁根据地的建立作出了重要贡献，但在枪林弹雨中出生入死的高岗却过不了美色关。1934 年 1 月初，高岗在正宁南邑堡战斗结束后打扫战场时，见一窑洞内有一妇女，便上前调戏。此事恰好被红四十二师政治部主任黄子文发现，并报告了师党委。

1934 年 1 月上旬，红四十二师党委在合水县廉家砭召开会议。此时红四十二师因 1 月初师长王泰吉请求去豫陕边做兵运工作，已经由刘志丹任师长。这次会议对高岗在正宁南邑堡的错误行为进行了严厉的批评，并决定撤销他的师政委职务，由师党委书记杨森接任。

高岗被撤销了红四十二师政委职务后，下派到第二路游击队，任总指挥部政委，总指挥是杨琪。

1934 年 2 月，国民党陕甘军阀调集了 8 个团的兵力，向陕甘边根据地发动了大规模"围剿"，企图将新生的革命根据地扼杀在摇篮中。为了粉碎敌人的"围剿"，红军主力继续采取外线作战的方针，红四十二师跳出南梁，转入外线。高岗所在的二路游击队则坚守南梁，与敌人展开游击战。

1934 年 3 月，刘志丹率领红四十二师回师南梁，与高岗、杨琪率领的二路游击队会师，然后一起向北进发，突袭蔺家砭，轻取崖窑，在庆阳元城活捉国民党第四自治区区长高明山，在梁子消灭谭世麟部一个骑兵连。4 月上旬，红四十二师在二路游击队的配合下取得西华池大捷，全歼敌人两个营共 600 多人，创造了红四十二师成立以来的歼敌最高纪录。

西华池大捷后，刘志丹率领红四十二师南下三原、淳化、耀县等地，高岗、杨琪仍率领二路游击队坚守南梁。

1934 年 5 月中旬，敌人借红军主力离开南梁之机，再次向南梁根据地发动"围剿"。高岗、杨琪指挥二路游击队避敌锋芒，转入敌后，开展游击战，在敌人后方攻城拔寨，迫使敌军回撤，使敌人围剿根据地的计划再次破产，南梁根据地也胜利收复。

1934 年 5 月下旬，红四十二师主力回师南梁。5 月 28 日，师党委在南梁寨子湾召开会议。会议决定健全中共陕甘边特委，由张秀山任特委书记；成立陕甘边军事委员会，由刘志丹任主席；杨森任红四十二师师长，高岗复任红四十二师政委。

1934 年 7 月下旬，谢子长、郭洪涛率陕北游击队一、二、五支队来到南梁，与刘志丹、高岗、杨森率领的红四十二师会合。7 月 25 日，中共陕甘边特委、红四十二师党委与中共陕北特委、陕北红军游击队总指挥部在阎家洼子举行联席会议，即著名的“阎家洼子会议”。

由于当时的陕甘边特委和陕北特委分属于两个上级机构领导，陕甘边特委归中共陕西省委领导，陕西省委直接归党中央领导；而陕北特委归中共北方局领导，中共北方局归中央驻北方代表直接领导。所以，“阎家洼子会议”的主要议题是研究陕甘边与陕北两个根据地的战略配合问题。

参加“阎家洼子会议”的有陕甘边特委和红四十二师的刘志丹、杨森、高岗、习仲勋、张秀山、王世泰，陕北特委和陕北游击队的谢子长、郭洪涛、贺晋年以及红四十二师连以上和陕北游击队支队长以上的干部。虽然陕甘边根据地建立得较早，红军与游击队的实力也比较大，但陕北游击队的郭洪涛和谢子长是中共中央驻北方代表派来的，他们更了解党中央的方针和路线。因此，会议首先由谢子长宣读了中共上海中央局和中共中央驻北方代表给红二十六军的两封指示信。由于当时王明“左”倾冒险主义已经在党内占据了统治地位，这两封信的基本精神也就不可能不受“左”倾错误的影响，自然对红二十六军的游击战争进行了一些无端的指责。接着，郭洪涛在发言中又批评红四十二师是“梢山主义”、“右倾机会主义”。虽然刘志丹、高岗等在发言中对红四十二师在极端艰难的条件下开展游击战争的正确选择进行了辩解，但由于指示信与郭洪涛的发言代表了当时“左”倾中央的基本路线，所以，会议还是决定撤销高岗红四十二师政委职务，给予留党察看 3 个月处分，红二十六军四十二师政委职务由谢子长兼任。

“阎家洼子会议”后，谢子长虽然担任了红四十二师政委，但在会议结束后，他并没有留在红四十二师，而是率领陕北游击队返回了陕北。红四十二师第三团也按照会议的决定，在团长王世泰的带领下，北上安定，配合陕北游击队粉碎国民党军队对陕北根据地发动的第一次反革命“围剿”。

陕北游击队和红四十二师三团在谢子长指挥下，先后在安定、绥德、清涧、横山等地连战连捷，基本上粉碎了敌人的“围剿”。但不幸的是，1934 年 8 月 26 日，谢子长在清涧河口战斗中胸部中弹，身负重伤。

“阎家洼子会议”后，高岗虽然被撤销了红四十二师政委的职务，但他并没有离开部队，而是以参谋长的名义，与红四十二师二团一起战斗。

土地革命战争兴起后，西北逐步形成了陕甘边和陕北两块革命根据地和红二十六军与红二十七军两支主力红军。但是，由于陕甘边和陕北是被敌人分割开的两块根据地，党和红军也就存在两个领导关系。陕甘边根据地属陕西省委领导，陕西省委被破坏后，直接归陕甘边特委领导；陕北根据地则直接受中共中央驻北方代表的领导。虽然“阎家洼子会议”后，两支红军部队有了配合，但基本上还是以各自活动为主。

1934 年 10 月，中共中央北方代表孔原派巡视员黄翰来陕北，布置陕甘边和陕北两块根据地的相互配合和两支红军统一指挥的问题。黄翰来到陕北后，鉴于谢子长身负重伤的实际情况，建议调刘志丹到陕北，统一陕甘边和陕北两地的军事领导。黄翰并致信刘志丹，指示刘志丹尽快来陕北。

接指示后，刘志丹率领红二十六军部分部队，于12月底奔赴安定。1935年1月下旬，刘志丹来到陕北根据地中心区赤原县的水晶沟，探望了在此地养伤的谢子长。两人就陕甘边和陕北两块根据地的统一领导和两支红军的统一指挥共同作战等问题交换了意见，并取得了共识。

1935年2月5日中共陕甘边特委和中共陕北特委在赤源县（今子长县）周家硷召开联席会议。会议决定成立中国工农红军西北军事委员会，统一领导红二十六、二十七军及陕甘、陕北两块根据地的其他武装力量。刘志丹为军事委员会主席，谢子长为副主席，高岗、杨森、杨琪、张秀山、张达志为委员。

西北军事委员会成立后，又产生了军委归谁领导的问题。因此，会议又决定成立中国共产党西北工作委员会，书记惠子俊（未到任前由崔田夫代理），组织部长郭洪涛，宣传部长张秀山。西北工委成立后，陕北特委撤销，原陕北特委领导的各县县委改由西北工委直接领导；陕甘边特委保留，原陕甘边特委所属的各县县委仍由其领导。

1935年2月21日，时年39岁的谢子长因病情恶化，不幸逝世。

谢子长逝世后，高岗接任西北军事委员会副主席，成为仅次于刘志丹的西北根据地二号人物。

1935年初，蒋介石在取得了对中央根据地第五次“围剿”的胜利后，在继续围追堵截中央红军的同时，开始把对革命根据地“围剿”的重点转到了硕果仅存的西北根据地。

1935年5月4日，为了统一军事指挥，在安定玉家湾成立了“中国工农红军西北革命军事委员会前敌指挥部”，刘志丹任总指挥，高岗任政委，白坚任政治部主任，统一指挥红二十六军和红二十七军的作战行动。

西北根据地的反“围剿”战役到1935年8月21日的定仙塬战斗结束，取得了重大胜利，陕北和陕甘边两块根据地联成了一片，使西北根据地进入了全盛时期。

1935年9月，红二十五军作为“中国工农红军北上抗日第二先遣队”，抵达西北革命根据地的永宁，受到陕甘边苏维埃政府和红军代表习仲勋、刘景范等人的热烈欢迎。

红二十五军到达陕甘边根据地后，中共西北工委立即发出了《为欢迎红二十五军北上给各级党部的紧急通知》，要求“动员全体党员及全苏区的每个劳苦群众，欢迎红二十五军与陕甘红军的汇合，庆祝红二十五军北上的伟大胜利”。并指令西北红军回永坪镇与红二十五军会师。

红二十五军是1935年9月15日到达永坪镇的。16日，刘志丹与高岗就率领西北红军主力来到了永坪镇，与红二十五军胜利会师。两支红军会师后的第二天，即在中共北方代表派驻西北代表团的主持下，在延川永坪镇召开中共西北工委、鄂豫陕省委和军队的主要领导干部参加的联席会议，研究确定会师后的统一领导和下一步军事行动方针问题。

这次会议决定：撤销西北工委和鄂豫陕省委，成立中共陕甘晋省委，由西北代表团书记朱理治兼任陕甘晋省委书记，郭洪涛任副书记；改组西北军委，由聂洪钧任主席；改编红二十五、二十六、二十七军为中国工农红军第十五军团，军团长徐海东，政委程子华，副军团长兼参谋长刘志丹，政治部主任高岗。

正当西北根据地反“围剿”斗争进入关键时刻，王明“左”倾错误却在陕北恶性发展，在根据地内部发生了严重的“肃反”事件。

1935年9月21日，刚刚成立的陕甘晋省委就发出指示，在“更加猛烈地反对反革命的右倾取消主义”的口号下，开始了一场残酷捕杀自己人的“肃反”。包括刘志丹、高岗、习仲勋、马文瑞、张秀山、杨森、高朗亭等在内的原红二十六军营以上的干部、陕甘边根据地县委书记和县苏维埃主席以上的干部，几乎全部被捕。200多名为创建西北根据地出生入死的好同志没有倒在敌人的枪口下，却在这场革命队伍内部的肃反中惨遭杀害。

1935年10月19日，毛泽东任政委、彭德怀任司令员的中国工农红军陕甘支队到达陕北吴起镇。10月21日，中央红军在吴起镇以西一举将尾随而来的马鸿宾部及国民党军一个团全歼，并乘胜将后续的三个团击溃，痛快淋漓地割掉了“尾巴”，胜利完成了党中央和中央红军的长征。

在“割尾巴”战斗的前一天，10月20日，毛泽东和党中央其他领导同志在吴起镇先后听取了当地游击队负责人张明科和红二十六军骑兵团政委龚逢春的汇报，了解到了西北苏区错误肃反的严重形势，并立即派白区工作部部长贾拓夫以及中央组织部部长李维汉等人携带电台，作为先遣队去寻找陕北红军和刘志丹。11月3日，毛泽东在下寺湾召开了中共中央政治局常委会议。会议听取了中共陕甘晋省委副书记郭洪涛、西北军委主席聂洪钧关于西北苏区、西北红军、肃反及崂山、榆林桥战役情况的汇报。会议决定成立以董必武为主任，李维汉、张云逸、王首道、郭洪涛为委员的党务委员会，审查西北错误肃反事件。

同日，党中央又召开政治局会议并决定：建立西北革命军事委员会，主席毛泽东，副主席周恩来、彭德怀，成员有王稼祥、林彪、程子华、徐海东、聂鸿钧、郭洪涛；成立中共西北中央局，书记张闻天；成立中华苏维埃共和国政府西北办事处，主席秦邦宪。会议还决定中央领导人分两部分行动，毛泽东、周恩来和彭德怀率红一方面军南下同红十五军团会合，迎战第三次“围剿”苏区的敌人；张闻天等率领中央机关北上瓦窑堡。

党中央对西北根据地的领导机构组建后，1935 年 11 月 5 日，中共中央又召开常委会议，决定撤销中共陕甘晋省委，建立陕甘、陕北两个省委和关中、神府、三边三个特区。中共陕甘省委书记朱理治、副书记李富春，省苏维埃政府主席王生玉，机关驻地下寺湾；中共陕北省委书记郭洪涛，省苏维埃政府主席马明方，机关驻地瓦窑堡；中共关中特委书记贾拓夫，苏维埃政府主席秦善秀；中共神府特委书记杨和亭，苏维埃政府主席乔钟灵；中共三边特委书记谢维俊（后因谢维俊被叛匪杀害，特委未建立）。两个省委和三个特区统归中共西北中央局和西北办事处领导。

1935 年 11 月 7 日，张闻天率领中共中央机关到达瓦窑堡，受到了当地机关干部、部队和群众的热烈欢迎。下午，中央党务委员会即下令释放了刘志丹、高岗、习仲勋等因西北错误肃反而被关押的 100 多人。

1935 年 11 月 18 日，毛泽东同周恩来、彭德怀致电张闻天、秦邦宪，请他们详细考察陕北苏区“肃反”中的问题。

按照党中央和毛泽东的指示，中央党务委员会进行了认真的调查研究。月底，中央组织部召开平反大会，公布了《西北中央局审查肃反工作的决定》。王首道在会上代表党务委员会宣布刘志丹、高岗等受冤屈的同志是无罪的。

1935 年 12 月 13 日，毛泽东由前线回到了瓦窑堡，与周恩来等接见了刘志丹、高岗等蒙冤受屈的人员，给予他们亲切的安慰与鼓励。

高岗获释后，先是被安排到中央军委武装动员部负责扩军和筹款，后于 1936 年 1 月被派往内蒙古带领当时只有十几人的陕北骑兵团。不久又被派往中共三边特委任蒙古工作委员会主任（三边指陕北与内蒙古交界的靖边、定边、安边）。

1936 年 4 月 14 日，红二十八军军长兼北路军总指挥刘志丹，在山西中阳县三交镇战斗中英勇牺牲，时年仅 34 岁。

1937 年 5 月 15 日，中国共产党陕甘边区第一次代表大会在延安召开。不是会议代表未能出席会议的高岗竟然在这次会议上以最高票当选为中共陕甘宁边区委员会执委。

两个月后，中共中央决定成立少数民族工作委员会，并任命高岗为书记。

1937 年 9 月 20 日，中国共产党将陕甘宁边区革命根据地的苏维埃政府正式改为陕甘宁边区政府，由林伯渠任主席，张国焘任副主席，高岗与秦邦宪、董必武、徐特立、谢觉哉、郭洪涛、马明方等为边区政府主席团委员，并担任了边区政府保安司令的要职。

1937 年 11 月 16 日，高岗被党中央任命为八路军骑兵司令。

从此，高岗可以经常列席中共中央政治局会议，在中共中央政治局的一些会议记录上，也可以找到高岗的名字了。

1938年4月，党中央决定改组中共陕甘宁边区委员会，任命高岗为书记。

1940年9月25日，中共中央政治局常委会决定成立中共陕甘宁边区中央局，并根据毛泽东的提名，决定由高岗任中共陕甘宁边区中央局书记。

1941年4月16日，中共中央政治局会议原则决定，将中央西北工作委员会与陕甘宁边区中央局合并，成立中共西北中央局，中共陕西省委划归西北中央局领导。4月27日，中共中央政治局会议正式决定：中共西北中央局由高岗任书记。

至此，曾经在刘志丹、谢子长领导下参加西北根据地创建的高岗，在谢子长和刘志丹牺牲后，成了在中国革命历史进程中具有特殊地位的西北根据地的代表。

1943年11月26日，陕甘宁边区生产展览会在延安隆重开幕，200余名劳动英雄和3万多各界群众出席了大会。12月5日，高岗以中共中央西北局的名义宴请全体劳动英雄。在招待会上，各分区的劳动英雄分别向高岗献上了锦旗，锦旗上写着如下颂扬高岗的词句：

关中分区为："西北星辰"；

延属分区为："你给我们创造了丰衣足食的边区"；

绥德分区为："西北人民的领袖"；

陇东分区为："西北灯塔"；

三边分区为："西北人民的灯塔"；

中直、军直、留直、边直为："西北人民的领袖"。

这位被称为"西北人民的领袖"高岗代表中共中央西北局在献旗仪式上即席发表了热情洋溢的讲话。虽然高岗的讲话主要是赞美英雄们的业绩，称劳动英雄是“群众中的圣人”，号召全体军民要向他们学习，并且告诫英雄们说：“我们不要自满，毛主席说，我们的房子要天天打扫，不扫就要有灰尘，意思就是说，要经常注意和检查自己的缺点，今年当了劳动英雄，明年还要当劳动英雄。”但高岗在讲话中并没有对英雄们给自己戴上的桂冠表示谦让。

2. 李力群奔赴延安与高岗结缘

高岗于 1938 年 4 月担任中共陕甘宁边区委员会书记后，与原配杨芝芳离婚。

高岗与杨芝芳的离异并非如某些传言所讲，系高岗生活作风糜烂所致，而是与当时的环境、风气、地位有关。当时陕甘宁边区婚姻法已经公布，婚姻自由的新风在革命队伍内部迅速传播。为了革命事业与个人幸福，不少领导干部都与早年的包办婚姻脱钩，与奔赴延安革命圣地的年轻知识女性重结良缘。

1998 年 11 月 12 日，93 岁的杨芝芳老人向笔者谈起了她当时与高岗离婚的原因和她离婚后与高岗的关系：

那时高岗已经是陕甘宁边区的领导，经常出席各种会议。我是家庭妇女，又是小脚，外边又来了很多年轻的革命的女同志，所以，高岗提出要分开。记得是王子宜（陕甘宁边区政府民政厅厅长）跟我谈的。他说，高岗活动很多，经常出头露面，你是小脚，与高岗一起出面不太合适，最好与高岗分开。我就同意了。分开后，我们还是革命同志，经常有联系，他作报告我也去听。我与李力群（高岗的第二位妻子）相处的也很好。

杨芝芳老人虽然忘记了她与高岗是哪月离婚的，但她记得大致的时间是在毛泽东与江青结婚前后。而我们知道，毛泽东与江青是1938年11月结婚的。

高岗与杨芝芳离异后并未马上结婚，到了1940年，高岗才与芳龄20岁的李力群缔结良缘。

1920年12月26日生于江苏省宿迁县的李力群与目不识丁的杨芝芳不同，1937年来延安之前，李力群是徐州省立女子师范中学的高才生。抗日战争爆发后，学堂的书桌已经载不下抗日的志向，李力群在叔父李毅民（小学教师，中共党员）和朱瑞（李毅民上级，后任东北野战军炮兵司令，在辽沈战役中牺牲）的影响教育下，与几位同学拿着朱瑞写给林伯渠的介绍信，毅然离开家庭，走出校门，辗转来到了西安，并在西安八路军办事处的安排下，来到了延安。

延安是座革命的大熔炉，热血青年在这里迅速成长。1938年7月，李力群光荣地加入了中国共产党，并进入中央党校学习。

然而，这位年轻的共产党员没有想到，她人生中的一个重大考验，在她毫无准备时已经悄然降临身边。

1998年11月12日，李力群在北京的家中向笔者谈起了她半个世纪前与高岗结婚时的戏剧性场面：

我十七岁去延安，后进党校学习。有一天，高岗去党校讲党建课。我个子小，听课时始终坐在前面，他可能在讲课时就看上了我。党校学习结束后，陈云就把我留在了陕甘宁边区委员会办公室秘书处。当时我很不情愿，我愿意去敌后，我觉得这里的人太土，但组织上的安排必须服从。不久，高岗就带我出差去了安塞，这次出差大约有三四天。出差回来后，毛主席请我们吃饭，是高岗带我一起去的。毛主席请我们吃腊肉，席间毛主席说了许多高岗的好话，让我向高岗学习，而且说，你将来如果能找到这样的对象如何如何。我当时心里就一惊，因为那时候我见到高岗就害怕，他样子很凶，又是大首长，但毛主席的意思我已有所觉察。又过了几天，王明、王若飞、习仲勋等人又请我和高岗吃饭，还请周围的一些小姑娘吃枣，并说今天就是结婚的日子。一听这话，我撒腿就跑，一直跑到了延河边。但这时王若飞找到我说，你学过党建吗？党员要听党的话，这也是党的安排。他劝我回去，但我当时还是没回窑洞吃饭。

就这样。我们没有任何感情，一天也没恋爱，就结婚了。结婚后，高岗半年内不准我下山，怕我见到同学们。后来，我曾经对陈云等人说，是你们把我强配给他的。不过，结婚后他对我还不错。

真让现代青年男女们无法想象，为追求民主、自由而来到延安的李力群，却“遭遇”了这样一场“包办”婚姻，竟然在“一天也没恋爱”的暗箱中被“操纵”成婚。

不过，这并非是一场封建的包办婚姻，只不过是带有浓厚的现代政治色彩。只是这种政治色彩足足伴随着李力群度过了坎坷的半个多世纪。

李力群与高岗结婚后，虽然“半年内未被准许下山”，但“下山”后，先后担任了陕甘宁边区党委秘书处秘书、延安柳林区党委宣传科长、区委书记、县委委员等职务。一直到1945年10月高岗离开延安去东北，李力群始终与高岗战斗在延安。

3. 李力群谈“查档事件”

虽然上文论述了高岗的经历和高岗与李力群婚姻的由来，

但要回归本文的主题，叙述李力群是如何谈论“查档事件”的，还得从李力群在高饶事件后的跌宕人生谈起。

高岗于 1954 年 8 月 17 日自杀身亡后，妻子李力群和孩子们搬出了高岗生前所居住的东交民巷 8 号，来到了组织上给找的一处位于宽街的四合院住下。

高岗去世前李力群已经怀有 5 个多月的身孕，高岗去世后李力群还要处理一系列后事，所以她没有再到就职的教育部上班。生完孩子后，李力群被安排到劳动部培训司工作。此时的李力群虽然行政级别已经从原来的 11 级降至 13 级，但上班持家照顾孩子的日常生活倒也相对平静。

1955 年 3 月 21 日，中国共产党全国代表会议在北京召开。这次会议通过了《关于高岗、饶漱石反党联盟的决议》，认为：高岗从 1949 年起，“就以夺取党和国家的领导权力为目的而进行阴谋活动”，“在 1953 年被调到中央工作以后，他的反党活动更为猖獗”；“饶漱石是高岗反党阴谋活动的主要同盟者”。他们“企图推翻以毛泽东为首的久经考验的党中央的领导核心，以便夺取党和国家的领导权力”。“中国共产党全国代表会议一致决议：开除反党阴谋的首脑和死不悔悟的叛徒高岗的党籍，开除反党阴谋的另一名首脑饶漱石的党籍，并撤销他们的党内外各项职务。”“中国共产党全国代表会议认为党中央政治局对参加高岗、饶漱石反党联盟活动的向明、张秀山、张明远、赵德尊、马洪、郭峰、陈伯村等同志的处理是正确的。”

高岗的问题在被以党的全国代表会议决议的形式“盖棺论定”之后，李力群及孩子们的生活不可避免地受到了更大的冲击。

1959 年庐山会议上彭德怀被打成“高饶反党联盟”的重

要成员后，李力群被命令不准上班，不许外出，在公安人员的监视下在家里写“彭德怀和高岗是如何勾结进行反党活动”的交代材料。

1962年因诬陷小说《刘志丹》为高岗翻案，并进而揪出一个所谓的“习（仲勋）贾（拓夫）刘（景范）反党集团”后，李力群又被监禁3个月，奉命交代揭发“高岗与习仲勋、贾拓夫、刘景范等的阴谋反党活动”。

经过几次折腾后，李力群又被安排回教育部，在学生司负责大学生的招生和分配工作。

然而，树欲静而风不止。1966年史无前例的“文化大革命”爆发，李力群自然免不了被炒家、批斗、检查、专案的厄运。好在周恩来总理此时亲自出面对她和孩子们进行了保护，李力群于1969年秋来到教育部在安徽省凤阳县的“五七干校”劳动改造，几个孩子也被疏散到内蒙古、甘肃、河南等地接受“再教育”。

1971年林彪事件发生后，周恩来派人将李力群接回北京，一方面要她揭发林彪的问题，另一方面也给她在北京图书馆安排了工作。不久，李力群被调回教育部工作，孩子们也都从四面八方回到了北京。

厄运之后是平静，平静之后有幸运。在毛泽东的过问下，1973年李力群应邀出席了国庆宴会，并登上了天安门观礼台。之后还被选为第四届全国人民代表大会代表、第五届全国政协委员，并在党的十一届三中全会后恢复了原有的级别。

虽然李力群本人官复原职，但“反党分子高岗夫人”的阴影却挥之不去，成了李力群无法忘却的心痛。因此，李力群多次找曾经与高岗工作过的同志交谈，呼吁重新审查高饶事件。

特别是从1983年离休后，李力群更是数次上书中央，要求为高岗平反。她也经常接受一些人的访谈，谈她所知道和听到的一些有关高饶事件的情况。

从20世纪90年代起，李力群与某些高岗当年的同事、高岗同事的子女、党史工作者、新闻记者以及境外媒体人员等多次谈论高饶事件。

从目前有文字记载的材料中可知，李力群在谈论高饶事件时最早提及“查档事件”的时间，是1995年4月26日她与张晓霁的谈话中。

张晓霁是《半截墓碑下的往事——高岗在北京》（简称《高岗在北京》）这本书的两位作者之一。《高岗在北京》这本书，是赵家梁口述，张晓霁整理的。据《高岗在北京》的《跋》中记载，“这本书从1994年开始筹划到现在出版，经过了漫长的13年。”实际上在张晓霁参加《高岗在北京》写作的同时，她还承担着一项更为重要的工作，这就是担任她爸爸张明远的秘书，同时为她爸爸书写回忆录。

张晓霁的爸爸张明远在1955年高饶事件发生时任中共中央东北局第三副书记。处理高饶事件时所谓的“高岗反党宗派干将”被称为“五虎上将”，张明远位列“五虎上将”的第二位，排在时任东北局第二副书记的张秀山之后。1955年2月，被撤销了党内职务的张明远被安排到中国科学院工作，任办公厅副主任。张明远在中国科学院一干就是25年，一直到改革开放后，才于1979年11月调任新组建的国家机械工业委员会任副主任，主任是薄一波。1983年6月，张明远担任了第六届全国政协常委，后来又作为特邀代表出席了党的第十三、十四和十五次全国代表大会。

张晓霁是张明远8个子女中的第三个。《高岗在北京》一书中是这样介绍作者张晓霁的：

张晓霁，1934年生，河北省人，原国家机械委员会副主任张明远之女。1960年毕业于北京大学地球物理系，先后在四川大学物理系和成都气象学院任教。1983年任张明远的秘书。

署名张明远著的《我的回忆》，是在张明远去世6年后才由中共党史出版社出版的。执笔者张晓霁在这本书的后记中写道：

在整理和编撰回忆录的过程中，我仔细研读了父亲留下的大量原始资料，包括三类：一类是他本人的工作笔记、会议记录、中央领导人谈话记录，他在一些会议上的报告、发言，“文化大革命”期间写的各种材料，给中央的申述材料，以及组织鉴定、审查结论等；第二类是我平时同他聊天，或他与亲友交谈时记录的大量口述材料；第三类是访问同他一起工作过的老同志的记录，包括他的上下级、战友，和他的秘书及亲友等，有些还进行了专题座谈。

张晓霁对李力群的访谈就属于她说的“原始资料”中的“第三类”。其中有时是她与李力群单独谈，有时是她与赵家梁、李力群等共同谈。

据张晓霁记载，李力群与她谈及“查档事件”，主要有以下三次：

第一次，是1995年4月26日，在李力群家。李力群与她说：

“主席让他（高岗）查敌伪档案，了解刘（刘少奇）。”

第二次，是1997年9月25日，在赵家梁家。李力群在与赵家梁谈话时说：

“在东北查敌档的事，是张秀山去的。后来我问他，他拉着我的手说：我的好小李，你可不敢说！"

第三次，是 1999 年 3 月 16 日，在李力群家。参加谈话的人除了她和李力群之外，还有曾在解放战争时期担任过高岗秘书的苏丹。李力群说：

"毛叫高去查刘在奉天的敌伪档案（1953 年春）。我问秀山，他特害怕，说小李，你可不敢乱说，不敢乱说！"①

张晓霁访问李力群的上述谈话记录是可信的，因为李力群在与笔者谈到"查档事件"时，说了几乎同样的话。

2000 年 1 月 28 日，笔者在与同事访谈李力群时专门提到了这起"查档事件"。

笔者问李力群："查档的事你知道吗？"李力群回答说："高岗与我说，主席让我去找刘少奇的档案。我 92 年问过张秀山，你是否知道这件事？他躺在床上，坐起来说，好小李，你可不要再讲了。"

虽然李力群几次谈到"查档事件"时都很简单，但从李力群的简短叙述中我们还是可以整理出以下两个重要问题：

第一，虽然李力群几次与人谈到毛泽东让高岗查刘少奇档案一事，但她并不是这起"查档事件"的当事人，她只是后来听高岗说的。

第二，虽然李力群认为"查档事件"是高岗布置给张秀山去做的，但在她向张秀山询问是否有此事时，张秀山未置可否，只是害怕地告诫她不要乱讲。

至于李力群的所听所说是否属实，则需要更深入地调查来一点一点的解答了。

---

① 张晓霁：《关于查敌档问题的一些谈话记录》（2011 年 7 月 16 日张晓霁发给笔者的邮件）。

二、署名张秀山的《我的八十五年》一书中“爆料”

上文中李力群关于“查档事件”的零星叙述还仅仅是这起“查档事件”引起人们关注的序幕。因为李力群并不是这起“查档事件”的当事人，而且她关于“查档事件”的言论并未公开发表，只是在个别访谈者中流传，知道的人少之又少。

真正在海内外产生重大影响的是张秀山在《我的八十五年——从西北到东北》（以下简称《我的八十五年》）中关于这起“查档事件”的“爆料”。因为时任东北局第二副书记的张秀山不同于“听说”此事的李力群，他被称为这起“查档事件”的经办人。而且《我的八十五年》中关于这起“查档事件”的描写也不同于李力群的三言两语，而是有着大段的详细描述。

当然，为了便于读者们全面了解张秀山在《我的八十五年》中关于“查档事件”论述的来龙去脉，还是需要从张秀山与高岗的历史交往和张秀山在高饶事件后的坎坷经历讲起。

1. 张秀山在西北和东北都曾与高岗共事

张秀山与高岗是陕北老乡，1911 年 7 月 18 日出生于陕西省佳县乔岔滩乡桃柳沟村一个农民家庭。

张秀山虽然比高岗小 6 岁，但二人的经历却很相像。他也是由乡村小学到佳县高小再到榆林中学，然后接受马克思主义，加入共产党，再受党组织委派，到军阀部队去搞兵运。1930 年高岗到军阀苏雨生部组织学兵队时，张秀山曾任这支学兵队的小队长，所以张秀山可谓高岗的老部下。在创建陕北革命根据地的艰苦斗争中，张秀山先后担任过红二十六军四十二师二团步兵连连长、骑兵连指导员、渭北游击队总指挥部政委、耀西游击队政委、陕甘边游击队总指挥部政委、陕甘边特委书记、红二十六军四十二师政委等重要职务，这期间自然要与高岗多次交集，共同战斗。

张秀山可谓西北硬汉。他在创建西北革命根据地的斗争中出生入死，浴血奋战，曾经被敌人的子弹击中了肺部却又在乡村兽医的土法治疗下奇迹般地生还。中央红军到达陕北后，他和刘志丹、高岗等一道，又从“左”倾肃反的刀下捡回了一条性命，并先后担任了中共神府特委组织部长、神府红军独立师政委、中共神府特委书记、中共绥德特委书记、中共中央西北局组织部副部长、中共中央党校教务主任等职务。1945 年 4 月，张秀山作为正式代表，参加了党的第七次代表大会。

抗日战争胜利后，国共展开了争夺大东北的历史性决战。1945 年 8 月下旬，中共中央决定从中央机关、中央党校、陕甘宁边区机关抽调精兵强将组成干部团，再抽调两个步兵团，与干部团一道组成东北支队，由张秀山任政委，黄永胜任司令员，奔赴黑土地，创建东北根据地。

东北支队出陕西，过山西，1945 年 10 月末顺利抵达承德，11 月 2 日进入沈阳。但张秀山并没有随同东北支队一道进军沈阳，而是奉命留在承德组建热河纵队，不久又奉命来到北满，任中共松江省工委书记兼松江军区政委，仍然在北满军区司令员高岗的麾下工作。

松江省在东北根据地中地位重要，哈尔滨市、长春市都曾经划归松江省领导。1946 年 5 月松江省工委改为松江省委，张秀山仍为省委书记。

1948 年 7 月，中共中央东北局决定辽宁省和辽南省合并，组成新的辽宁省，并任命张秀山为省委书记兼省军区政委。

1949 年 3 月，中共中央又任命张秀山担任中共中央东北局常委、组织部部长兼东北局秘书长、东北局党校校长。至此，张秀山成为东北局重要领导成员之一，而此时的高岗已经在林彪率领东北野战军入关后成为东北的党政军最高领导人。

当然，张秀山与高岗之间只是正常的同志关系，战友情谊。长期的工作交往也是在中国革命发展的历史进程中自然形成的。然而，在接下来发生的高饶事件中，张秀山却成了“高岗反党宗派”中的重要人物，被称为“五虎上将”之首。

2. 高饶事件发生后张秀山成了“五虎上将”之首

党中央对高饶事件的正式处理，始于 1954 年 2 月 6 日至 10 日召开的中国共产党七届四中全会。不过，虽然在这次会议上很多入会者都从不同角度对高岗、饶漱石的错误作了揭发和批判，但这些发言并没有公开点高岗和饶漱石的名。对高岗饶漱石的公开揭发和点名批判，是在七届四中全会结束后召开的高岗问题座谈会和饶漱石问题座谈会上。这两个座谈会是分别召开的，参加人员有中央委员和候补中央委员 37 人，了解情况的重要工作人员 40 人。

关于高岗问题的座谈会从 2 月 15 日下午到 25 日下午，共开了七次，有 43 人发言。在座谈会的最后一天，周恩来根据高岗问题座谈会期间与会者揭发的材料，并经毛泽东和其他中央领导同志讨论审核，作了总结发言，说：

高岗的极端个人主义错误已经发展到进行分裂党的阴谋活动，以图实现其夺取党和国家领导权力的个人野心。在其野心被揭穿和企图失败后，他就走上自绝于党和人民的绝望的自杀道路。

然后，周恩来列举了高岗分裂党及夺取党和国家权力的阴谋活动的十大罪状，为高饶事件作出了定性的结论。

1954 年 3 月 1 日，中共中央政治局批准了周恩来在高岗问题座谈会上的总结发言。3 月 3 日，中共中央决定，将周恩来的这个发言提纲作为向地委书记和解放军军党委以上作口头传达的材料。3 月 4 日，周恩来在有 2400 人出席的高级干部会议上作了关于中共七届四中全会精神的传达报告。

高岗十大罪状之一，就是“把自己所领导的地区看作个人资本和独立王国”。因此，高岗负责的东北局，自然成为“高饶事件”的重灾区，也必然成为揭发批判高岗阴谋活动的重点。

1954 年 3 月 25 日凌晨，周恩来受中共中央委托，与公安部长罗瑞卿以及曾经长期跟随高岗、时在国家计委工作的马洪和安志文一道，乘火车离京赴沈阳参加东北地区党的高级干部会议（简称东北高干会）。

东北高干会从 3 月 26 日召开到 4 月 24 日结束，历时近一个月。会议的主要内容是传达中共七届四中全会的决议，检查东北地区党的工作。出席会议的有517人，列席的170人，会议由东北局代理书记林枫主持。

东北高干会的第一天，听取了周恩来关于中共七届四中全会决议和高岗、饶漱石问题以及初步结论的传达报告。周恩来在报告中详细介绍了高、饶进行反党分裂活动的主要事实，批判了高、饶的资产阶级极端个人主义思想，并指出：高岗的错误已经不是普通的政治、思想、组织错误，也不是党内严重的路线错误，他已走上分裂党、反对党的道路，变成了资产阶级个人主义的野心家。

周恩来作完报告后，于3月28日返回了北京，罗瑞卿则留下来继续指导东北高干会。

这次东北高干会是大会小会相结合，检讨、揭发一并进行。张秀山、张明远、郭峰、马洪、赵德尊等一些东北局的主要领导都在会上作了检讨，其中多数检讨了两次；共有42人在会上作了揭发批判高岗反党反中央活动的发言。

4月24日，大会通过了《东北地区党的高级干部会议关于拥护七届四中全会和讨论高岗、饶漱石问题的决议》，同时还通过了《东北地区党的高级干部会议向中央的建议》。《建议》中提出：

东北地区党的高级干部会议鉴于张秀山、张明远、郭峰、马洪、赵德尊等同志均积极参加高岗反党反中央的宗派活动，错误十分严重，特建议中央撤销他们现任东北局副书记和东北局委员及其他党内职务。

4月25日，东北局委员会召开全体会议，一致通过了这次会议所通过的《东北地区党的高级干部会议关于拥护七届四中全会和讨论高岗、饶漱石问题的决议》和《东北地区党的高级干部会议向中央的建议》。

仅仅三天之后，即4月28日，中央政治局召开会议批准了《东北地区党的高级干部会议关于拥护七届四中全会和讨论高岗、饶漱石问题的决议》和《东北地区党的高级干部会议向中央的建议》，并于5月4日将东北局向中央的请示报告及上述两个文件和林枫、罗瑞卿在东北高干会上的发言转发给各中央局和省、军以上党委。

至此，后来被称为高岗"五虎上将"的"张、张、赵、马、郭"被正式推出，张秀山也顺理成章地成了"五虎上将"之首。

1954年12月，张秀山在被撤销了党内职务后下放到辽宁省盘山机械农场，任第一副场长，分管计划、财务、供销工作。

几乎在一夜间，昔日的东北局第二副书记便成了农场的副厂长，这对年仅43岁的张秀山而言无疑是晴天霹雳，但他也只好迎着朔骨寒风，携妻带子，搀扶着年迈的老母，来到了当时号称"南大荒"的盘锦，并且尽职尽责地当起了农场副场长，而且一干就是4年，一直到1958年才由组织上调任沈阳农学院副院长。

史无前例的"文化大革命"爆发后，昔日的"高岗黑干将"自然成为批斗的重点对象。在经历了数不清的斗争后，张秀山又被下放到农场劳动改造。一直到党的十一届三中全会后，张秀山才于1979年1月被任命为国家农业委员会副主任、党组成员，分管全国林业、农垦、知青等方面的工作，同时兼任国务院知青领导小组副组长，并恢复了其行政四级的级别。

1982年2月，年逾七十的张秀山从领导岗位上退了下来。但他在中国共产党第十二次全国代表大会和第十三次全国代表大会上，均当选为中共中央顾问委员会委员。

从领导岗位上退下来后，张秀山开始口述他的经历，由他当时的秘书孙普希记录整理，形成了近10万字的《我的回忆》。但这份张秀山在世时撰写的回忆录并没有公开发表。

1996年8月2日，张秀山因心脏病医治无效，在北京逝世，享年85岁。

张秀山去世后，他的子女们开始根据张秀山生前口述的《我的回忆》，又查找了其他材料，形成了40多万字的署名张秀山的《我的八十五年》一书，于2007年3月由中共党史出版社出版。

《我的八十五年》出版之后，引起了非同一般的关注。这不仅仅是因为张秀山是创建陕北根据地和东北根据地的重要参与者，他的回忆具有重要的史料价值。更是因为这本书中所披露的一些信息相当敏感且异常复杂，其中最为人们热议的，就是这起“查档事件”。

3.《我的八十五年》中关于“查档事件”的叙述

《我的八十五年》正文共有十章，其中的第九章为“七届四中全会前后”。

“七届四中全会前后”这章共有四个问题：一是“在第二次全国组织工作会议上发言”；二是“党的七届四中全会”；三是“高级干部座谈会”；四是“东北地区高级干部座谈会”。

在论述“东北地区高级干部座谈会”时书中写道：

在会议期间，罗瑞卿与我谈话说：你在全国组织工作会议上发言是反对刘少奇的，反对刘少奇同志就是反党。我不同意他的说法。我说：在党的会议上，对党的工作，对党的负责人当面提出批评意见不是反党。"我对党中央和毛主席的无限信任是毫无疑问的，因此不能说，我反对少奇同志（提意见）和其他同志（给安子文提意见）就是反党。"为此发生了争论。

在一次谈话中，罗瑞卿突然问我：你们查看刘少奇的档案是什么目的？我听后感到不对头，便对他说：这件事我建议你核实一下。

我说：1953 年初，高岗对我说，毛主席让看一下东北敌伪档案中有关刘少奇 1929 年在奉天被捕的情况，要我去组织落实。我当时问高岗这件事给其他人说过没有，他说跟陈云说过。我又问他，东北呢？他说没有。我说，这件事不能扩大，传开不好。说这事时，高岗的秘书在场。之后，我在东北局组织部布置工作时，将审查干部工作分成两个组，一个组查现实表现，一个组查阅敌伪档案，查阅的对象不做特别限定，避免给人留下是专门查看某个人的印象。这件事即使是后来任组织部长的郭峰，和具体承办这项工作的同志也不知道查阅敌伪档案的目的，查阅结果是按敌伪档案的原本情况上报的。①

罗瑞卿听后没有再说什么。但是从以后的情况看，这件事显然是起了激化矛盾的作用，不然怎么会给我加上"用极其恶劣的手段攻击刘少奇同志"的罪名。

《我的八十五年》中的这段关于"查档事件"的叙述，是以张秀山与罗瑞卿对话的形式披露的。背景是"东北地区高级干部座谈会"，具体时间是"会议期间"，发端源于罗瑞卿的

① 张秀山：《我的八十五年——从西北到东北》，中共党史出版社 2007 年版，第 321 页。

“突然提问”，主要内容包括以下几点：

第一，高岗对张秀山说，毛主席让看一下东北敌伪档案中有关刘少奇 1929 年在奉天被捕的情况，并要张秀山去组织落实。

第二，高岗布置这项任务的时间是 1953 年初。

第三，这件事高岗与陈云说过，但并没有与东北的人说过。

第四，高岗向张秀山布置这项任务时，高岗的秘书在场。

第五，张秀山是在东北局组织部布置这项工作的。

第六，为了避免给人留下是专门查看某个人的印象，查档分成了两个组，对查阅的对象不做特别限定。

第七，这件事即使是后来任组织部长的郭峰，和具体承办这项工作的同志也不知道查阅敌伪档案的目的。

第八，查阅结果是按敌伪档案的原本情况上报的。

至于张秀山的这些叙述是否属实，先让我们看看另一位传播者赵家梁关于“查档事件”的叙述，再一并加以分析考证。

三、赵家梁在《高岗在北京》一书中戏说“绝密任务”

如果说署名张秀山的《我的八十五年》这本书是这起“查档事件”的重要传播源，那么，赵家梁在不同场合关于此事的描述就使他成了“查档事件”的主要传播者。

文人出身的赵家梁与“五虎上将”之首的张秀山不同，高饶事件发生时他仅是高岗的秘书，并不是东北局的领导成员，所以并未被打成“高岗反党集团”的成员，甚至在高岗被管教期间他还担任了高岗管教组的组长。但是，在后来的日子里，赵家梁还是因为曾任高岗的秘书而未被重用。赵家梁 1982 年离休时享受副局级待遇，与 1954 年时的行政级别无大变化。

文人出身，高岗身边工作，荣辱不惊，勤于思考，善于表述。这些常人难以具备的经历和素质，使赵家梁成了一些对高饶事件感兴趣的人们争相访问的对象，他在不同场合的讲述中自然也要从不同角度谈到这起“查档事件”。

当然，在赵家梁叙述“查档事件”的众多版本中，最能代表赵家梁关于这起“查档事件”根本观点的，还是他在《高岗在北京》一书中的公开表述。因此，本书就以他在《高岗在北京》一书中的相关论述为据，分析他与张秀山关于此事论述的同异，并对其真伪进行考证。

1. 赵家梁是高岗的最后一任秘书

赵家梁，原名蒋慧明，1920 年生于上海，是著名的上海圣约翰大学的毕业生。

蒋慧明何时改为赵家梁，赵家梁曾经对笔者做过说明：

我父亲姓赵，母亲姓蒋。我是参加党以后，于 1938 年夏改姓赵，1941 年 8 月时用赵家梁这个名字的。[①]

赵家梁就读的上海圣约翰大学是中国近代最著名的大学之一，也是在华办学时间最长的一所教会学校。该校创建于 1879 年 9 月，原名是圣约翰学院，是由美国圣公会上海主教施约瑟将原来的两所圣公会学校培雅书院和度恩书院合并而成。1905 年，学校成为正式的大学，并在美国华盛顿州注册，是当时上海乃至全中国最优秀的大学之一。由于该校课堂大部分用英文授课，所以学生的英文水平普遍很高，这也是赵家梁后来担任高岗秘书后，能同时兼任高岗英文翻译的缘由。

关于赵家梁的经历，他于 1999 年 2 月 3 日，亲笔给笔者写了这样一份简历：

赵家梁，1920 年生，上海人。1937 年 10 月参加革命，1938 年 9 月加入中国共产党。曾任上海圣约翰大学支部书记，“上海联”党团成员。1941 年 8 月至 1946 年 12 月，在苏中解

---

① 戴茂林：《访问赵家梁谈话记录》（1999 年 2 月 2 日）。

放区工作，先后任区委书记、县委宣传部长、地委秘书、游击营政委、报社总编辑。1948年在大连任旅大区党委宣传部出版政审科长。1948年到1952年6月，任东北局宣传部科长、副处长。1952年6月6日任东北局书记高岗秘书。1952年10月随高岗到北京，继续担任高岗秘书。1954年2月由中央决定任对高岗实施管教工作组组长。1954年9月至1958年3月，任国务院第四办公室综合组副组长。1958年3月至1959年9月任国家计委党组副书记贾拓夫秘书。1959年9月至1965年3月先后任国家计委主任办公室、政策研究室、办公厅的副主任，长期计划综合局副局长等职（实际上是国家计委主任李富春秘书）。1966年至1973年“文化大革命”中接受审查。1973年10月解放后，任国家计委政策研究室顾问。1982年12月离职休养。

关于任高岗秘书的由来，赵家梁也对笔者有过下列叙述：

我任高岗秘书，是组织上决定的，与高岗无关。是东北局秘书长马洪找我谈的话。我于1952年1月离开宣传部，参加沈阳市“三反、五反”工作团，当时总工会副主席宋平是团长。这期间经保卫部半年审查，才于6月任高岗秘书。

我任高岗秘书前不认识高岗。

赵家梁还说：

我在高岗处工作有两个阶段：1952年6月到1954年2月为第一阶段，任高岗秘书；1954年2月到1954年8月为第二阶段，这时既是高秘书，又是高岗管教组组长。

我是1952年10月随高到北京的。11月中旬又回到沈阳，12月3日返回北京。去北京前，我的工作多样。是秘书，也听美国之音的英文广播，然后向高介绍有关的情况。

从赵家梁的上述经历中不难看出，在 1952 年 6 月任高岗秘书之前，赵家梁与高岗并不认识。从 1952 年 6 月到 1954 年 8 月高岗自杀身亡这两年半的时间里，赵家梁作为高岗的秘书自然会与高岗有较多的交往。但是，赵家梁与高岗只是秘书和领导之间的工作关系。

实际上，赵家梁所了解的有关高饶事件的一些情况，主要是高岗在被管教期间，他听高岗说的。

2. 高岗被管教期间赵家梁曾任管教组组长

高岗是在 1954 年 8 月 17 日自杀未遂后被管教的。

党的七届四中全会结束后召开的高岗问题座谈会，从 1954 年 2 月 15 日下午到 25 日下午，共开了 7 次，但高岗本人只参加了 15 日和 16 日的座谈会，就因 17 日在他所居住的东交民巷 8 号家中开枪自杀（未遂），被管教。

高岗开枪自杀的时间是 2 月 17 日下午 1 点半左右。中央书记处得到这一消息后，原定下午召开的高岗问题座谈会临时取消。下午 6 点半和 9 点，刘少奇主持召开了中共中央书记处会议和中央政治局紧急会议。会议听取了周恩来报告高岗自杀未遂的情况和对高岗的紧急处置办法，决定立即对高岗实施管教，让其停职反省。

高岗 2 月 17 日虽然自杀未遂，但这次自杀行为却对其最后的人生历程产生了决定性的影响。

据毛泽东的秘书叶子龙回忆：

高饶问题被揭露以后，毛泽东一直还想挽救他们。毛泽东让一位中央负责同志找高岗谈话，想让他回陕北负责一个地区的工作。但是话还没来得及谈，就发生了高岗自杀未遂的事。

我把这事报告毛泽东时，从他的表情看，他对此事感到厌恶。他说：“高到西北的事不要再提了，随他去！”从此彻底放弃了挽救高岗的想法。[①]

高岗自杀未遂事件发生后，党中央和毛泽东对高岗问题的认识和对高岗本人的管理，都发生了重大改变。在自杀事件未发生之前，党的七届四中全会并没有公开点高岗的名字，而且在七届四中全会召开之前的1月28日，毛泽东在和杨尚昆谈话时，还提出对高岗要坚持正面批评的方针，“给一条路让他走，有好路可走，就不走绝路了，当作一种可能性来争取”。[②]但是，自杀未遂事件发生后，对此事深感厌恶的毛泽东已经放弃了挽救高岗的想法，认为高岗的问题已经不是党内错误，高岗已经走上“自绝于党、自绝于人民”的“叛党叛国”的罪恶道路，只好“随他去”了。

从此，昔日的高主席成了失去行动自由的被管教对象。

不过，当时对高岗的管教与后来人们印象中的管教并不相同，只是让他在家中反省。管教组的组长是高岗的秘书赵家梁，成员有警卫处处长李叔怀和公安部派来的赵光华，甚至还有高岗的妻子李力群。管教组的主要任务就是帮助高岗反省，督促高岗写出检讨材料。

自杀不成功，又被管教，高岗的情绪极度低落。特别是看到周总理在高岗问题座谈会上的总结发言后，高岗的情绪波动很大。但是，在大家的帮助和开导下，高岗开始静下心来反思自己的错误。

1954年4月3日，高岗给周总理并毛主席写了一封信，表

① 《叶子龙回忆录》，中央文献出版社2000年版，第200—201页。
② 《杨尚昆日记》上册，中央文献出版社2001年版，第102页。

态说：

党十八年来对我的培养教育、提拔爱护无微不至，希望我成为人民驯服的工具，替人民做点事。但是，我自己辜负了中央和主席，堕落到这样的地步，犯了这样大的错误，危害党和人民的事业，实际上帮助了敌人。主席和中央采取治病救人方针，对我一再耐心帮助教育，等待我的觉悟，而我自己却一错再错，竟可耻地采取叛党自杀的行为。我愈反省愈感到沉痛，愈感到对党对人民欠一笔债。我同意总理的结论的精神，我将很冷静地从几个不同的工作地区特别是在北京时期，从历史根源、思想根源进行深刻的彻底的反省，反省我怎样从小个人主义到大个人主义变为野心家的。我一定会沉痛认罪，向党中央和主席彻底交待，听党怎样对党有利就怎样处理。

高岗还在信中保证说：

我向党和主席保证：过去犯过的可耻的叛党自杀行为决不再犯，也决不会杀人，决不逃跑。在中央决定管教期间，我一定坚决服从，遵守一切管教措施。

中央对被管教期间的高岗的基本要求，就是要他在老实交代的基础上，写出深刻的反省材料。管教组的成员可以帮助他，为他代笔，但他自己一定要认真反省，如实交代。

赵家梁关于“查档事件”的叙述，据他自己说，就是在这个期间听高岗讲的。

3.《高岗在北京》中关于“查档事件”的描述

《高岗在北京》一书是 2008 年 7 月由香港大风出版社出版的。该书署名是赵家梁和张晓霁，但实际上是赵家梁口述，张晓霁整理的。而且在书出版之前，赵家梁已于 2007 年 9 月 8

日去世了。

张晓霁在这本书后面的《跋》中写道：

《半截墓碑下的往事》终于要出版了。这本书从1994年开始筹划到现在出版，经过了漫长的13年。从最初打算写一个回忆资料，到后来完成这样一部著作，从思路到内容到结构，经过几个人反复推敲，几易其稿，几经审核，务求材料真实，言辞朴实，立论有据。在交稿之前又多次征求老同志的意见，进行修改。

两位老人用10多年的时间写出这样一部著作，确实不易。而且书中确实提供了一些难得一见的珍贵史料。但是，书中的所有论述是否都“立论有据”，还是值得商榷的。

首先，这部书是回忆录还是研究著作抑或是纪实文学？

请看该书开篇的一段描述：

已经是下午三点多钟了，高岗还没有吃午饭，也不想吃。他刚刚经历了一场惊心动魄的生与死的搏斗，被人们从鬼门关口上强拉回来。过度的紧张与亢奋之后，转而是极度的疲惫。他静静地躺在大床上，思绪纷乱，犹如野马狂奔，无法控制。

他回想中午那终生难忘的情景，满脑子的懊丧、后悔、埋怨和责怪。他不明白，当时自己的头颅和枪口相距不到三四寸远，怎么竟然会一枪打飞了呢？他实在懊丧！他更懊悔的是，由于自己行动不果断，错过了最好的时机。

如果是一部纪实文学，其中的一些史实我们就不好咬文嚼字地较真考证了。但是，由于该书中关于“查档事件”的叙述广为流传，被多方引用，所以为了本书后文的调查，还是有必要加以引用。

《高岗在北京》一书共分七章，其中的第四章中以“绝密任务”为题写道：

1953年春夏之交，毛泽东交给高岗一个绝密任务：命他亲自去查阅东北的敌伪档案，了解20年代刘少奇在奉天（沈阳）被捕后的表现。

毛泽东将如此绝密和重要的事情交给高岗，足以说明他对高岗之信任非同一般。

高岗离开毛泽东，直接到陈云那里，把事情告诉他，并谈了自己的看法：看来，毛主席与刘少奇的分歧已不是一般的思想认识问题，而是对少奇的革命品质产生了怀疑。这可是事关党和国家的大事呀。他由此认为，刘少奇是党内的“危险人物。”

陈云沉思片刻，说：“这件事非同小可，你先不忙作结论，等调查清楚再说吧。在事情没弄清楚之前，你可不要随便到处乱讲！”

高岗点头称是。

然而，这种想法一经产生，就再也无法抹去。他要为党和国家、为毛泽东办一件大好事，帮助毛泽东把刘少奇从接班人的位子上拉下来。至于谁来接替刘少奇，他并没有想那么多，正如他在反省时所说：“谁上去都行，就是少奇不行。”

这就是高岗在1953年财经会议前后才开始进行反刘活动的重要原因。

高岗把查敌档的事交给张秀山去办，后来给毛泽东送交了一份报告。以后他再未提过此事。[1]

这段叙述虽然不长，但内容丰富，情节细腻，绘声绘色。

---

① 赵家梁、张晓霁：《半截墓碑下的往事——高岗在北京》，香港大风出版社2008年版，第113—114页。

既有毛泽东给高岗的任务，也有高岗与陈云的对话，还有高岗向张秀山的交代。但是，看完这段描述之后，想必很多读者都会产生这样一个疑问：这么重大的问题，这么详细的情节，赵家梁是如何知道的呢？

中　篇

考　证

叙述完“查档事件”的流传经过，人们不难发现，虽然李力群在20世纪90年代就与人谈到过这起“查档事件”，但她并不是这起“查档事件”的当事人，只是一位“听说”者；虽然署名张秀山的《我的八十五年》中写到高岗在向张秀山布置这件事时说“高岗的秘书在场”，但高岗的秘书赵家梁却从未说过他是否在场；虽然赵家梁多次讲述过这起“查档事件”，但他在讲述中却有时说“郭峰是布置这件事的主要领导人”，有时又说“高岗把查敌档的事交给张秀山去办”。

李力群既然只是这起“查档事件”的“听说”者，她关于“查档事件”的叙述又仅仅是与来访者的零星交谈，并未有公开发表的文字，自然可以不用再去较真考证了。但是，张秀山和赵家梁关于“查档事件”的公开叙述却不能不做深究。

因为下列谜团如不解开，不但“查档事件”的真相将无法呈现，更多的迷雾也会随之出现：

张秀山为什么要强调高岗向他布置查档一事时“高岗的秘书在场”?

作为高岗秘书的赵家梁是否如张秀山所言真的在场?

这项所谓的“绝密任务”究竟是谁去办的?

郭峰是否是“布置这件事的主要领导人”?

……

下面，就让我们从《我的八十五年》这本书的成书经过入手，来一一解开“查档事件”中的这些谜团吧!

一、原东北局第二副书记张秀山在世时口述的《我的回忆》并无“查档事件”的内容

署名张秀山的《我的八十五年》是由中共中央党史研究室下属的中共党史出版社出版的。

由于《我的八十五年》作者参加西北革命根据地创建的老资格，曾被打成“五虎上将”之首的特殊经历，正部级干部的领导身份，再加上该书是由中共党史出版社正式出版，且有德高望重的老战友作序，都使得这本书的地位非同小可。

一位很有影响的史学专家在引用了书中关于“查档事件”的叙述之后甚至发出了这样的感叹：张秀山先生的“八十五年”非同寻常，不能等闲视之。“也只有隶属于‘中共党史研究室’的‘中共党史出版社’才有条件出此难得佳作吧。”[1]

《我的八十五年》确实“非同寻常”，书中披露的很多资料

① 雷颐：《八十五年风云录》，《中国新闻周刊》2007年第40期。

确实很珍贵。但是，《我的八十五年》中关于“查档事件”的叙述却值得商榷。甚至可以说，《我的八十五年》中关于“查档事件”的叙述是否符合张秀山的原意都是一个需要考证的问题。

因为，《我的八十五年》虽然署名张秀山，但实际上是张秀山的儿女们根据张秀山在世时的口述加工整理的，而张秀山在世时口述的《我的回忆》，并无任何有关“查档事件”的内容。

1.《我的八十五年》是张秀山的儿女们在他逝世后根据他的回忆加工整理的

张秀山是1996年8月2日逝世的，《我的八十五年》是2007年3月由中共党史出版社出版的，全书共有42.6万字。

也就是说，署名张秀山的《我的八十五年》是在他去世10多年后才正式出版的。

作为一本回忆录，为什么会在回忆者去世10多年后才出版呢?

该书后记对此有下列说明：

20世纪80年代初，在一些老同志和家人的一再催促下，父亲开始口述他的经历，当时担任父亲秘书的孙普希，不辞辛苦整理出了近10万字的《我的回忆》初稿。几位老同志看后对父亲说：你经历了这么多斗争，了解那么多重要的历史，你不讲清楚，人们，尤其是后人怎么会知道革命的艰难和曲折。这样，父亲又把他保存多年的历史资料和他各个时期的讲话拿出来，逐件给我们讲，要我们帮他整理。有些事情由于时间已久，他怕记忆上有失误，便告诉我们找哪些老同志去核实。

在父亲去世后，很多叔叔一再叮嘱我们：你父亲一生很不容易，你们一定要把他的回忆整理好啊！

……

我们按照父亲的回忆，根据他对我们讲述的历史事件和他留存的资料做了整理和补充，对父亲回忆中的一些重要史实，按照他的嘱托，查对了有关历史文献和老同志们的著述，进行了校对，并加了注释。父亲在各个时期有许多讲话，我们选了几篇附在书中；父亲以前的照片，“文化大革命”中抄家时遗失了一些，我们将仅存的选出收入书中，还选了几篇回忆文章附后，以示纪念。我们给这本书加了一个能反映他大部分经历的题目——《我的八十五年——从西北到东北》，这就是父亲这本书产生的过程。[①]

从该书后记的这段叙述中可知，《我的八十五年》这本书的初稿是张秀山在世时口述、秘书孙普希整理的近10万字的《我的回忆》，42.6万字的《我的八十五年》是张秀山去世后，儿女们根据张秀山的回忆，参考了相关资料整理而成的。也就是说，《我的八十五年》这本书虽然是张秀山的回忆录，但书中超过3/4的内容是在张秀山逝世后由他的儿女们整理加写的。

明白了《我的八十五年》成书的过程，一个疑问也随之产生了：张秀山在世时亲口叙述的《我的回忆》，是否有“查档事件”的内容呢？

2. 张秀山口述的《我的回忆》只字未提“查档事件”

张秀山在世时口述的《我的回忆》并未公开发表，只是一

① 张秀山：《我的八十五年——从西北到东北》，中共党史出版社2007年版，第442、443页。

本在部分人中传阅的油印小册子。

这本小册子题目为《我的回忆》，署名张秀山，标明的时间是1989年4月，内容有七章正文和一个附件。附件是张秀山“1953年10月14日下午在第二次全国组织工作会议大会上的发言”。正文中第七章的题目是“七届四中全会前后”。

“七届四中全会前后”这一章字数不多，约有5000字，其中讲述东北局高干会议内容的不到1300字。虽然这段叙述涉及到了一些人，有些话语也比较敏感，但为了让大家完整地了解《我的回忆》中对东北局高干会议叙述的原貌，同时也是为了与后文《我的八十五年》中的相关描述进行对照，本书还是摘录如下：

七届四中全会结束后，中央委托罗瑞卿、林枫同志在沈阳组织召开了东北局的高级干部会议，揭发批判高岗的错误。周恩来、安志文参加了会议。

东北局高干会议上主要批判高岗在东北搞宗派。在东北局主要批判的是我、张明远、赵德尊、郭峰、马洪五个人。安志文在大会上发言，他表态支持刘少奇同志。也是在这次会议上，不知是哪个干部在发言中，把我们五个人说成五虎上将。这就让林枫反映到中央去了，以后毛主席就引用了这句话，于是我们就成了五虎上将了。

说到高岗在东北局搞宗派，有一个五虎上将，这是不够客观的，我们之间都是工作上的关系。尤其是郭峰、赵德尊两人，还是在高岗去中央工作之前，才调到东北局来的。赵德尊是由黑龙江省委书记调到东北局任农村工作部部长。郭峰同志是由辽西省委书记调到东北局任组织部部长。当时他们都是较为年青，有能力的干部，作为培养对象调来的。而且由一个省委书记调到东北局来当一位部长，这也是很正常的人事调动。这种人事调动安排，从各方面看，也是适当的。当初高岗说过他们是年青优秀的干部，这也是事实。但在批判高岗时，也就因为这些，就把他们打成五虎上将里去了。

在东北局的高干会议上，因我在组织工作会议上的讲话，作了自我检查。高干会议前后大约开了10天。与此同时，中央改组了东北局，由林枫同志担任东北局书记。我则受到了撤职处分。

在省、市的各级干部中，为此事受到牵连的人是非常多的。高岗自己也认为，他是过不了刘少奇这一关的。在1955年，终于服安眠药自杀了。在高岗自杀以后，毛主席说过：高岗的问题处理的不好，高岗不自杀，即使不能在中央安排工作，但还可以在地方上安排嘛。

“文化大革命”中，说高岗在东北有一条错误路线。事实上，那时东北局执行的路线都是党中央、毛主席制定的路线。高岗在东北并没有提出自己的一条政治路线，也没有说过中央的路线是错误的。高岗他是拥护毛主席的。高岗的错误是他的个人主义膨胀，总想抬高自己，反对刘少奇，想在中央排在刘少奇同志的前面。实际上高岗在和刘少奇争夺毛主席接班人的位置。①

张秀山这段关于东北局高干会议的叙述和评价，符合张秀山一贯的敢说敢做的品格。他否认东北局存在“五虎上将”的观点，认为对这些同志的处理是“很不公正的”，还坦承“高岗在东北并没有提出一条自己的路线”，他“实际上是在和刘

① 张秀山：《我的回忆》（1989年4月），未刊稿，第177—178页。

少奇争夺毛主席接班人的位置”。

但是，除此之外，也显而易见，张秀山在《我的回忆》中仅是提到罗瑞卿受中央委托来沈阳组织召开东北局高干会议，并没有张秀山与罗瑞卿之间的对话，更是只字未提“查档事件”。

为什么在《我的回忆》中只字未提的“查档事件”，会在《我的八十五年》一书中出现呢？

谜底还不能马上揭开。

因为在《我的八十五年》公开叙述这起“查档事件”之前，《我的八十五年》还有一个前身，叫《尘封的历史》。在《尘封的历史》这本书稿中，已经出现了关于“查档事件”的描述，只是那时的描述与后来正式出版的《我的八十五年》中的描述，有着非常大的不同。

3.《尘封的历史》中关于“查档事件”的叙述与《我的八十五年》中的叙述有重大区别

如前文所言，《我的八十五年》一书是张秀山的子女在他去世后，“按照父亲的回忆，根据他对我们讲述的历史事件和他留存的资料”，重新整理的。从张秀山逝世到《我的八十五年》出版有10多年的时间，在这个漫长的整理过程中，不但全书的字数由9万多字扩充到了42万多字，书中的内容也有很大的变化，而且书名也有一个从《我的回忆》到《尘封的历史》再到《我的八十五年》这样一个演变过程。

作为《我的八十五年》前身的《尘封的历史》，是2002年成稿的，书的结构和内容与2007年正式出版的《我的八十五年》大致相同。既然是与《我的八十五年》大致相同，必然与

《我的回忆》有很大的不同，因为由 9 万字到 42 万字的变化确实是太大了。尤其是关于“查档事件”的叙述，在《我的回忆》中并没有，但在《尘封的历史》中却已经出现了。

不过，《尘封的历史》中关于“查档事件”的叙述与后来正式出版的《我的八十五年》中的叙述，有着非常大的不同。

第一，《尘封的历史》在叙述罗瑞卿与张秀山的谈话之前，用了大量笔墨来批驳罗瑞卿在东北局高干会议上的发言。

《我的八十五年》中关于“查档事件”的叙述，是在“东北地区高级干部会议”这一节里，在这一节中并无任何关于罗瑞卿在会议上发言的内容。

《尘封的历史》中关于“查档事件”的叙述却与此不同，这一节的题目叫“东北地区高干会议是如何把张秀山等同志打成‘反党宗派’的”，其中大量引用了罗瑞卿在会议上的发言，并对罗瑞卿的这些言论进行了一一批驳。

罗瑞卿在东北局高干会议上的发言很长，有 1400 多字。张秀山的子女们在撰写《尘封的历史》时显然是看到了罗瑞卿的这份发言，并且认为罗瑞卿的发言是“把张秀山等同志打成‘反党宗派’的重要原因”。所以，“东北地区高干会议是如何把张秀山等同志打成‘反党宗派’的”这一节，开篇就是引用罗瑞卿的发言要点，并逐条进行了批驳。

在对罗瑞卿的发言要点进行了批驳之后，《尘封的历史》中写道：

罗瑞卿的这种主观武断性判定，显然是不能使东北地区的一些高级干部所接受。于是便把不认同他这一判定的几十人集中到东北局办公厅会议室集训。他在讲台前，迈着方步，再三再四地说“东北搞独立王国”，张秀山等人是高岗的“追随者”。东北局的有些同志私下议论说：在东北局敢于跟高岗拍桌子的，不就是张秀山吗？他怎么成了“追随者”？翻开张秀山的历史看看，他是那种“反党”的人吗?！揭发、批判也得实事求是啊！

接下来，《尘封的历史》就开始叙述罗瑞卿与张秀山关于“查档事件”的谈话。

然而，在《我的八十五年》中，《尘封的历史》中这一大段关于罗瑞卿与张秀山谈“查档事件”时具体环境的论述，却一字不剩地删掉了。

第二，《尘封的历史》中关于“查档事件”的叙述与《我的八十五年》中的叙述有重大区别。

《尘封的历史》中关于“查档事件”的叙述如下：

在东北局高干会议上，为在组织工作会议上的发言问题，张秀山同罗瑞卿在谈话中发生了激烈争论。张秀山说：在党的会议上，对党的负责人提出批评意见，不是反党，更何况我这个“发言”向主席汇报过，主席支持我去讲的。况且少奇在会上也作了自我批评。严格地讲，我的发言在客观上损害了中央领导同志的威信，不利于党的团结，是一种严重错误。罗瑞卿则坚决认定刘少奇是中央领导，反对刘少奇就是配合高岗反党，把刘少奇同中央分裂开，就是反党。

罗瑞卿在与张秀山的一次谈话中，突然问到：“你们查看少奇同志的档案是什么目的?”这个话使张秀山终生记忆犹新。多年后张秀山再谈起这件事时，他说：“我听后知道他指的是什么，便对他说：‘罗部长，这件事我建议你同毛主席核实一下。去年春天，高岗同我说，毛主席让看沈阳敌伪档案中有关刘少奇1929年在奉天（沈阳）被捕的情况。高岗要我去组织落实。我问他这件事别人说过没有，他说跟陈云同志说过。我又问他，东北呢？他说没有。我说，这件事不能扩大，传开不好。之后，我是布置给郭峰去办的，我要求郭峰要严格保密，查阅的对象不要做特别限定，避免给人留下是专门查看某个人的印象。查看后的情况，要严加保密。郭峰也是这样去办的。至今在东北局内没有他人知道这件事。'”

罗瑞卿听后没有说什么，但是调查工作还是在深入下去，郭峰同志在会议期间也写了说明材料。至于罗瑞卿是怎么向上汇报的，我无从得知。但是，从会议之后对我们一些人的处理来看，这件事，显然是起了激化矛盾的作用。①

对照一下《尘封的历史》中关于“查档事件”的叙述与《我的八十五年》中的相关叙述，两点重大区别立刻显现：

第一，《尘封的历史》中不但没有像《我的八十五年》中那样特意强调“说这事时高岗的秘书在场”，甚至干脆就没有提到“高岗秘书”之事。

第二，《我的八十五年》中明确说查档工作是张秀山亲自布置的，而且还强调“这件事即使是后来任组织部长的郭峰，和具体承办这项工作的同志也不知道查阅敌伪档案的目的。”但《尘封的历史》恰好与此相反，明确写道：

我是布置给郭峰去办的，我要求郭峰要严格保密，查阅的对象不要做特别限定，避免给人留下是专门查看某个人的印象。查看后的情况，要严加保密。郭峰也是这样去办的。

而且还强调：

---

① 张秀山：《我的八十五年——从西北到东北》，中共党史出版社2007年版，第321页。

至今在东北局内没有他人知道这件事。

为什么同样一部书稿，在前后不同的写作阶段，会有如此重大的实际上是截然相反的两种史实表述呢?

当然，一般而言，我们应该尊重作者的最后选择，评价一本书应该以正式出版的版本为据。但是，《我的八十五年》不同于一般的学者著作，他是以张秀山回忆录的形式出版的，任何整理者都不能脱离回忆者的原意。我们考证这部书的成书经过，也正是为了恢复回忆者的本意。

因此，在"查档事件"的调查进程中，回答《我的八十五年》为什么要对《尘封的历史》中关于"查档事件"的叙述作如此重大的改变，郭峰是否是"查档事件"的经办人，就成为调查能否深入进行的关键一环。

二、原东北局组织部副部长郭峰明确表态当年的清档工作与“查档事件”无关

按照《尘封的历史》中的描述，时任东北局组织部副部长的郭峰，就是这起“查档事件”的经办人。张秀山不但亲自把这件事布置给郭峰去办，还要求郭峰“要严格保密，查阅的对象不要做特别限定，避免给人留下是专门查看某个人的印象。查看后的情况，要严加保密”，而且，“郭峰也是这样去办的。”

然而，在这起所谓的“查档事件”中，有时被称为“经办人”、有时被称为“负责人”的郭峰，是否同意《尘封的历史》中的说法呢？他本人又是如何看待这起“查档事件”的呢？

1. 东北局组织部副部长郭峰主持东北局组织部工作

为了更好地了解郭峰叙述的“查档事件”的相关内容，需要先对郭峰的经历做个简单介绍。

郭峰，1915 年 3 月出生于吉林省德惠县（现德惠市）郭家

乡西刘家屯。父亲郭长新曾赴日本学医，回国后到县里的窑门站小学教书。因此，郭峰在1923年8岁时，便跟随父亲来到窑门站小学读书。郭峰自幼聪颖，学习刻苦，成绩优异。他尤其喜读《三国演义》等古典小说，《三国演义》书中的很多情节都能对答如流，被人誉为“小三国”。1928年，郭峰考入长春私立自强中学学习，1931年2月又考入吉林省立第一师范学校，同年8月又考取了吉林大学预科。然而，就在他等待开学后进入吉林大学预科之际，日本帝国主义侵略中国的九一八事变爆发了。国破梦难圆，郭峰只好回到农村家中。第二年春，一心想上学读书的郭峰又考入了著名的吉林省立第一中学。

吉林省立第一中学当时是吉林省传播马克思主义的重要阵地。1933年3月，郭峰在这里加入了共产主义青年团。1933年5月9日，郭峰与中共吉林特支宣传委员、吉林省立第一中学学生金景在吉林东便门一带被检查进步学生散发革命传单的伪警察逮捕。两人先是被送到警察厅，后被引渡到日本宪兵队。在敌人的严刑拷打下，虽然郭峰没有招供，但金景却供出了他所知道的组织秘密。

1933年9月，郭峰被以“颠覆满洲国”罪名判处3年有期徒刑、准予取保释放。同年10月，郭峰与几位进步青年一道，秘密离开家乡潜赴北平，入北平知行学校读书。1934年1月，郭峰因反对学校当局发放救济证不公平被赶出学校。同年3月，又考入东北中山中学读书。著名的一二·九运动爆发后，郭峰积极参加，又被国民党当局列入逮捕名单，只好又一次离开学校，于1936年5月到北平西区区委做团的工作。

1936年8月，郭峰受党组织派遣，化名“高翔”，来到在西安的东北军学兵队做地下工作，后又在东北军五十三军第一一九师师部从事党的秘密工作。1937年3月东北军五十三军工委成立后，他为工委领导成员之一，负责下层士兵工作。七七抗战爆发后五十三军工委撤销，郭峰于10月来到我党领导的冀西民训处，参加了冀西游击队，并担任了冀西第四游击大队指导员。

抗日战争时期，郭峰先后担任了冀西游击总队政治部主任、太行一分区副政委、中共太行一地委书记、太行区党委调查研究室主任等职务，奋战在太行山下。抗日战争胜利后，郭峰在党组织的安排下，返回东北，来到吉黑边创建根据地。他先后担任了中共西满分局委员、吉黑纵队副政治委员、吉江地区行署主任、吉江省委委员、辽吉省委三地委副书记、辽吉第三军分区司令员、辽吉省委民运部长、辽吉省委常委、辽吉军区副政委等职务。1948年7月，辽吉省委改为辽北省委，郭峰任副书记。1949年5月，辽北、辽西两省合并组成新的辽西省委，年仅34岁的郭峰被任命为辽西省委书记，成为当时党在东北地区最年轻的省委书记。

东北全境解放后，郭峰于1952年7月被调到中共中央东北局任组织部副部长。当时的组织部部长是东北局第二副书记张秀山兼任，所以，郭峰实际上是主持组织部的工作。同年9月29日，中共中央任命郭峰为中共中央东北局委员。1953年4月，张秀山不在兼任东北局组织部部长，由郭峰继任。

正因为张秀山是郭峰的顶头上司，二人是上下级关系，《尘封的历史》中才说，查档这件事张秀山“是布置给郭峰去办的”，而且“要求郭峰要严格保密”，“郭峰也是这样去办的”。

然而，被称为“经办人”的郭峰，认可这种说法吗？

2. 郭峰详谈1952年东北局清理敌伪档案工作的由来

正如《我的八十五年》中后记所言，这本书在写作过程中，确实是征求过一些老同志的意见。但是，关于“查档事件”这件事，当时实际上只能征求郭峰一个人的意见了。因为从各种各样的相关叙述中都能得出一个共同的结论，就是不管这起“查档事件”的真相如何，能够把真相说清的只有高岗、张秀山、郭峰这三个人。

然而，在《我的八十五年》的作者征求意见时，高岗早已作古，张秀山也已经去世，唯一能够说清此事的只有郭峰一个人了。

《尘封的历史》中关于“查档事件”的打印稿，是张秀山的子女们送给郭峰审阅后，郭峰于2002年7月15日派他的秘书送给笔者看的。笔者看到郭峰在罗瑞卿与张秀山关于“查档事件”的对话部分画有三个重重的问号，表明了郭峰对于这段叙述并不同意。

郭峰不同意《尘封的历史》中关于“查档事件”的描述并不意外，因为早在两年半前，郭峰就已经详细地向笔者阐述了所谓的“查档事件”的来龙去脉。

2000年2月17日，郭峰在中共辽宁省委党校1号楼会议室接受了笔者以及其他4人参加的访谈，他向我们详细回忆了他所知道的有关东北局清理敌伪档案的情况。

郭峰说：

我是1952年6月底，“七一”时去东北局上班的，当时忙整党业务没注意这事。但在这之前，发生一个中国驻苏大使参赞张冠有叛变嫌疑，中组部从苏联将其调回，交东北局将此事搞清。

张冠本人不服。当时是由干部处长李正亭、纪委张子衡查这件事，我来前已开始查。

李正亭负责这件事，我没参与。

据李正亭与我讲，张冠确有叛变的事，就不再任参赞了。

我在满洲省委工作过，知道有些老地下党出狱后，有些历史问题需要审查。李正亭从张冠案说起，要把一些在东北工作过的同志的历史问题查清楚。如：当时任辽东省委公安局长的孙雨泰等，都涉及历史问题，要彻底查一下。我表示同意，并与张秀山讲了。然后组织了一个班子，由李正亭负责，对一些干部历史问题清理审查。

从我了解的情况，发起就是如此，是从张冠之事发起的。我没听说是毛主席有旨意，从未听说过。高岗、张秀山都没提到过这件事，从来没听说要查刘少奇的问题。是否毛主席告诉高岗，高岗又让张秀山个别进行的？如有此事，我管干部总也能有点了解。

东北局纪委副处长李纯六参加了清理档案工作。这项工作由我管，李正亭负责。

李纯六查敌伪档案，后来一直要查刘少奇问题，是否有张秀山授意？

清理敌伪档案是普遍查，李纯六负责一个组，还有一个干部处科长、一个叫刘华的人也带一个组，总负责人是李正亭。

在此期间，发现满洲省委批判刘少猷右倾腐化问题，也发现刘少奇在满洲省委的一些文件，但没有发现刘少奇在此工作有腐化问题。

当时李纯六主张刘少猷的名字就是刘少奇，说二者是一个人，可能是笔误。

我说，不行，必须坚持原貌。他坚持要改，我不同意。而且之前他也请示过李正亭要改。由于我不同意，没有改。

事后，李纯六总要把二人弄到一块。当时还从中央档案馆要了一些材料，也未证明二者是一个人。

高岗事出来后，李纯六揭发说，高岗要查刘少奇在满洲省委档案，让郭峰、张秀山布置查，而且要把刘少猷与刘少奇弄成一个人，给刘少奇栽赃。

这时我已下放到大连，王铮负责干部问题，他派人到大连找我谈此事。我说恰好相反，是他要搞，我反对。

“文革”时期，李纯六又跳出来，说当年我要查刘少奇档案，郭峰不让查。我只好又写材料，后来查清了。

李纯六当年是造反派，但运动后期也受打击。

据我了解，张秀山没有向我讲，也没有向李正亭讲此事。是否向李纯六讲了？不知道。

我来中组部前就清理张冠的问题了。

清理档案共整理了 12 本，分抗日联军、满洲省委等，李纯六有个前言。

这 12 本档案应该还有。当时给中央档案馆、中组部，东北局几个书记、组织部长各一份。东北留了 5 份。

张冠也参加了材料的整理，此人目前也许在长春。

李纯六在鞍山，政协副主席退下来的。

我接触高岗一年半，知道高岗有这个毛病，一些事情不怎么了解，也许有不同意见，但一听说是毛主席同意，他就说毛主席跟我说过，夸张自己。在组织工作会上，张秀山的发言，一开始是八条，高岗不同意讲。后来高岗去南方了，刘少奇让张秀山讲，张秀山才讲的。后来张秀山的发言稿，给我和赵家梁看了，讲了五条。讲后，一些组织干部反映讲的好。这些话传到南方，正在南方的高岗听了，就说是他让写的，还说自己改过。高岗出事后揭发他这件事，他又说他不知道。

当时东北局查敌伪档案成绩很大，高岗也许又借毛泽东的话抬高自己。有时候是毛主席讲过，有的也许是暗示，也有的是他按自己的理解去讲的。也许夸张了，歪曲了。他有这个特点。

作为唯一在世的知情者，郭峰关于这起“查档事件”来龙去脉的叙述，让我们可以得知以下几个重要问题：

第一，从 1952 年 6 月起，东北局确实进行过一次清理敌伪档案的工作。这项工作的起因，是因为中组部发现中国驻苏大使馆参赞张冠有叛变嫌疑，便将其调回，交由东北局查清此事。在审查张冠历史问题的过程中，发现一些在东北工作过的同志的历史问题也需要审查，所以搞了这场清理敌伪档案工作。

第二，郭峰从未听说毛泽东有指示要查刘少奇的问题，也没有听高岗、张秀山提到过这件事。而且郭峰认为，即使毛主席告诉了高岗，高岗又布置给张秀山个别进行，他管干部也总能有点了解。

第三，这次清理敌伪档案工作由郭峰分管，东北局组织部干部处处长李正亭具体负责。这次清理敌伪档案是分成两个组普遍查，东北局纪委的副处长李纯六负责一个组，组织部干部处科长刘华负责另一个组。

第四，在清理敌伪档案的过程中，发现满洲省委批判刘少猷右倾腐化问题，也发现刘少奇在满洲省委的一些文件，但没有发现刘少奇在满洲省委工作期间有腐化问题。可是，李纯六却认为刘少猷就是刘少奇，要把二者改为一个人。只是因为郭峰等人不同意，才没有改。

第五，高饶事件发生后，李纯六揭发说：高岗要查刘少奇在满洲省委档案，让郭峰、张秀山布置查，而且要把刘少猷与刘少奇弄成一个人，给刘少奇栽赃。“文化大革命”爆发后，李纯六又说当年我要查刘少奇档案，郭峰不让查。郭峰为此只好写材料说明此事。

第六，郭峰认为，高岗有这个毛病，一些事情不怎么了解，也许有不同意见，但一听说是毛主席同意，他就说毛主席跟我说过，夸张自己。当时东北局查敌伪档案成绩很大，高岗也许又借毛泽东的话抬高自己。

此外，我们还可以从郭峰的叙述中发现一个重要问题：最早提出“高岗要查刘少奇在满洲省委档案”的人是李纯六，时间是在高饶事件发生后。但需要强调的是，此时的李纯六是站在揭发高岗的立场上提及此事的，而且他在“文化大革命”中又倒打一耙，表白是自己要查刘少奇档案，郭峰等人不让查。所以，李纯六在各个时期关于此事的言论并无可信度，与后来流传的“毛泽东让高岗查刘少奇档案”更无关系。

与郭峰有过交往的人都知道，这位老同志素以思维清晰、博闻强记、文笔流畅而著名。他 1985 年 6 月从辽宁省委书记的岗位上退下来后，仍任中央顾问委员会委员，并致力于党建研究工作，长期担任全国党建研究会和辽宁省党建研究会顾问，撰写了大量研究党的建设的文章。全国党建研究会曾经从郭峰 1984—1999 年间所写的党建文章中，选出 40 篇，编印成《郭峰党建言论存稿》一书。郭峰 2004 年患病住院期间，给拟来探望的亲友写了一封信，主动谢绝亲朋好友和领导同志的探望，并明确提出不送不收慰问金、不送不收保健品等“六不”要求。时任中共中央总书记的胡锦涛对郭峰的“六不”精神作出批示，要求在全党特别是领导干部中学习郭峰廉洁自律、率先垂范的精神。中组部、中宣部发出《树清廉风气，做自律表率》的通报，号召广大党员干部向郭峰学习。

不过，觉悟归觉悟，再高的觉悟也无法阻挡生理的老化；记忆归记忆，再好的记忆也不可能完全复制历史的原貌。虽然郭峰关于“查档事件”来龙去脉的论述逻辑清晰，史实清楚，有头有尾，让人信服。但是，此时的郭峰终究已是 85 岁的高龄，他的回忆也不是没有可能出现失误。

还有什么更为原始的材料能够证明郭峰所言确实无误呢？

3. 郭峰在“文化大革命”期间就清档工作所写的材料可以证实他后来所忆真实可信

郭峰在 2000 年 2 月谈“查档事件”曾经说了这样一句话：

“‘文革’时期，李纯六又跳出来，说当年我要查刘少奇档案，郭峰不让查。我只好又写材料。”

郭峰在“文化大革命”时期果真就“查档事件”写过材料吗？

这还得从郭峰在高饶事件后的遭遇讲起。

1954 年高饶事件发生后，时任东北局组织部部长的郭峰受到牵连，于 1954 年 9 月被下放到了旅大地方国营机械五金总厂任第二副厂长。1959 年初，在五金总厂表现尚好的郭峰被调到大连市计委工作。1962 年 7 月，他又被调到辽宁省财贸办公室任副主任。“文化大革命”爆发后，郭峰于 1967 年再度被打倒。

在那个混乱的年代，郭峰不但要经常接受不同派别的批斗，还得不断按照造反派们提出的问题撰写检查交代材料。1968年2月13日，郭峰奉命写了一份《关于清理敌伪档案问题》的交代材料。这份材料有4000多字，共四个部分，密密麻麻地用钢笔写在7张300字稿纸的背面。

这份难得保存下来的交代材料，详细地叙述了1952年东北局清理敌伪档案的由来。现将这份材料的主要内容，引述如下：

（一）清理敌伪档案问题提出，是中央组织部指示审查张冠问题。

以后在工作中发现很多有关干部历史问题的档案材料和有关满洲党史的资料。当时干部处同志和工作组同志提议把这一工作范围扩大，增调人力来搞。我当时同意，积极支持，直到这一工作结束我都是重视的。我为什么对这件事积极、重视？是否有不可告人的目的？没有。老实的说没有。因为当时我只想到这一工作是组织工作一项基本建设工作，对于今后审查干部和研究满洲党史都是有重要意义的。当时在这个工作上完全没有想去搞刘少奇什么问题。是否想到搞敌伪档案与自己历史问题的关系？这是想到了的。当时我的思想上是毫无顾虑的。因为我当时认为我1933年被捕入狱是没有大问题的。有些问题我在1943年整风审干时都作了交待，都是真实的。在清理敌伪档案中如能清理到与我有关的档案，只能证实我的情况和我过去的交待，对于弄清我的问题有好处。所以当时我是认真积极支持来搞好的。

清理敌伪档案工作是1952年八九月间开始到1953年四五月或五六月结束的。为什么结束？主要是由于当时审查张冠的任务已经完成，弄清了张冠是叛变投敌分子。当时收集有关干部历史问题敌伪档案材料也差不多了。当时在沈阳、哈尔滨、大连、长春以及抚顺、丹东、锦州、吉林都进行了工作。据工作组同志说有些材料不全，但能查找的地方均查过了，再也查不到了。因此决定进行整理，结束这一工作。当时并没有进行大规模审干工作，只是为审干做准备。当时结束这一工作还有些次要原因，是当时各省市委组织部对于调到东北局组织部来搞干部材料的人要求回去（离省太久）。同时，东北局组织部特别是干部处要准备当年中央召开的组织会议的材料，主要是有关干部管理和干部调配问题，感到力量顾不来，因而决定结束。

把当时扫尾（即整理打印等）工作，归并到干部处内一部分人管起来。

有人说材料未收集完即结束，是否有别人指示要停止，以防止清理到与他的有关问题。我当时没有接到中央任何部门或哪个人有过这样指示，我也没有接到林枫、张秀山的指示。是否我自己怕清理到我自己头上，决定结束呢？我从未想到这一点。反之，我是一直积极重视的。关于这个问题，即结束问题，还可以向李正亭（中央劳动部副部长）、赵达（安徽或浙江省委组织部长）、张专庚（中央组织部处长，原干部处副处长）、李纯六（现鞍山市木材公司副经理）等人做调查。当时结束完全是根据工作发展情况决定的。

（二）在清理敌伪档案过程中，我是怎样抓这一工作，有无非法活动？

我对这一工作是重视的，积极支持的。但是我当时并没有直接的具体抓这一工作。就是说没有直接参与审阅材料或参加研究材料。也没有具体指导如何整理材料等等工作。当时具体管这一工作是李纯六（当时是纪委会的一个副处长）。在组织部责成干部处管，主要是当时干部处长李正亭管。有些工作问题李纯六与李正亭商量决定。他们决定不了的找我解决。以后工作范围扩大，人数增多，工作大致分两大部分。一部分党史资料部分由李纯六侧重负责，一部分干部历史问题档案材料由刘华（干部处一科长，现在何处，不知）、李正亭管。他们有问题有时分别找我谈，有时一起碰头谈。而我当时主要精力是：在52年八九月至十一二月抓基本建设部门如何建立政治机构问题研究及其建部门干部调配。53年冬春主要农村整党建党问题。因之，对于当时清理出来一些什么材料，我未过问过（当然在碰头时也听到过一些汇报）。我当时没有注意查看过，更没有找与我自己问题有关材料看过。在清理敌伪档案过程中，我从未向工作人员透露过我在东北被捕，住过狱（到1954年2月透露过，情况详后）。在当时，我自认为我是懂得组织工作规矩，是守纪律的。

我当时曾经看到过几个人材料如杨一辰（河北省副省长）（应是杨易辰）、杨圣白（当时辽西省统计局长）、夏尚志（当时辽西省农业局长）、罗锋（原东北教育部副部长），还有几个人记不得了。当时所以要看是由于干部处提出这些人要处理，如罗锋要调中央教育部工作，杨一辰材料安东省委要（原来杨在安东工作），夏尚志材料是辽西省委提出能否做结论等等。这些问题需提到东北局去讨论，所以我曾看过。其他绝大部分材料我在清理敌伪档案过程没有看过。也没有看过与我自己有关的即1933年吉林特支被破坏的材料。关于这一点也可向上面所说的有关人员调查，我没有任何非法活动。

（三）清理敌伪档案的结果，曾经编辑成册的材料有两大部分，也是两种。

一是关于满洲党史资料汇编，一是有关干部历史问题敌伪档案材料汇编（这两个材料名称，记不很准确，大体是这样两种性质的）。

关于满洲党史资料汇编是由李纯六负责编辑的。编完，打印汇编成册，共装订13套。这个材料我看过，大约是在53年上半年或是53年春节前后，记不清楚（总之是已经整理装订成册以后）。我看到其中有关于1933年吉林特支部被破坏的情况的材料，是当时满洲省委到吉林巡视的同志写的报告，是事件刚发生后，他从吉林转移后写的。我看到写的情况与我的经历情况基本属实。这个党史资料，都是党内文件、报告等，没有关于吉林特支部被破坏、被捕人在狱中表现材料。这是我首先看到与我有关的材料。我看到这个材料认为合乎事实，没有别的问题，我也没向人谈论过。

关于另一个材料即关于干部历史问题敌伪档案材料汇编。这是当时东北局组织部干部处最后汇编成册的。是在处理档案过程中按人、按每一个案件整理，打印编辑的材料。在整理过程中，凡涉及属于省市委管的干部均把每个干部的单项材料或专案材料转给有关省市委，东北区、外省的，转到中央组织部。东北局管的干部留东北局组织部。在后期干部处把各个专案或有关每个高级干部的有关材料汇编成册，留在东北局组织干部处，以便查找使用。装订多少册，我记不清楚了。

……

（四）清理敌伪档案过程中是否有过销毁档案的问题？对于这批档案材料是怎样处理的？

关于清理出来的大批敌伪档案原材料，当时是没有转送给各省市。我记得李正亭提出过打箱保存起来以备将来用时便于查找，当时我同意这样办。当时我的印象里大部分存沈阳东北局组织部干部处，一部分在哈尔滨搞的材料，似乎未拿回来存在哈尔滨市。当时，一直到1954年3月，从未做过销毁这批敌伪档案的决定。我也未接到中央任何部门，任何人指示，要销毁这批档案。

至于有的材料上提到我奉安子文指示，把发给各省市的材料全部收回，并规定有关这次清理敌伪档案材料一般人不得查阅等等，这是不符合实际情况的。我也没有接到过安子文这样指示，也没作过那样的规定。关于这个问题也请向有关人员李正亭、张专庚、赵达等人核实。

至于说54年3月以后有没有发生过销毁敌伪档案，或者收回发给各省市的有关资料等，那我就不知道了。

以上就是有关清理敌伪档案问题与我个人关系的全部情况。

看到郭峰这份写于1968年2月13日的交代材料，细心的读者一定会发现，这份详细讲述“查档事件”由来的材料中，只有一处提到了刘少奇，背景是论述这次清理敌伪档案工作的起因。郭峰是在说明“清理敌伪档案问题提出，是中央组织部指示审查张冠问题”之后，明确说：“当时在这个工作上完全没有想去搞刘少奇什么问题。”

“当时在这个工作上完全没有想去搞刘少奇什么问题”虽然仅仅是一句话，但把这句话放到当时复杂的历史背景中去考察，就会更加看出这句看似简单的话，对于我们解开“查档事件”的谜团，有多么重要。

因为在郭峰写这份交代材料的1968年2月，“史无前例”的“文化大革命”已经开展了近两年，刘少奇已经被当作“叛徒”正在不断接受批斗。此时的郭峰是因为被“举报”当年

“阻挠查刘少奇档案”而写这份交代材料的。如果“查档事件”真如《尘封的历史》所言，是毛泽东指示高岗，高岗交给张秀山，张秀山又布置给郭峰，去查刘少奇是否叛变的档案，那么，在刘少奇已经被打倒的1968年2月，郭峰还会言之凿凿的认定“当时在这个工作上完全没有想去搞刘少奇什么问题”吗?

反之，郭峰在刘少奇已经被打倒，自己当年是因为被扣上“反对刘少奇”的帽子而撤职下放，现在又因为当年“阻挠查刘少奇档案”而被迫写交代材料的特殊环境下，仍然坚持认为“当时在这个工作上完全没有想去搞刘少奇什么问题”，不是可以更加证明这份材料的可信吗?

郭峰作为这起“查档事件”的重要知情人，他在2000年的叙述和他在1968年的交代，内容是一致的。能把“查档事件”说得如此清晰，也只有郭峰了。也正是因为这个缘由，才导致了张秀山的子女们在听到了郭峰的意见后，对《尘封的历史》中关于“查档事件”的叙述做了重大修改。

三、多版本讲述“查档事件”的赵家梁并非当事人，只是一位“听说”者

张秀山的子女们是在 2002 年将《尘封的历史》书稿送给郭峰征求意见的。郭峰不同意《尘封的历史》书稿中关于“查档事件”描述的意见反馈后，张秀山的子女们对《尘封的历史》中关于“查档事件”的内容做了重大修改，修改的结果就是我们看到的《我的八十五年》中的相关表述。

然而，非常遗憾，修改后正式出版的《我的八十五年》中关于“查档事件”的叙述，出现了更大的错误。

1.《我的八十五年》中特意强调高岗向张秀山布置查刘少奇档案时“赵家梁在场”

为了读者们阅读的方便和下文论证的需要，让我们再一次将《我的八十五年》中关于“查档事件”的表述引用如下：

1953 年初，高岗对我说，毛主席让看一下东北敌伪档案中有关刘少奇 1929 年在奉天被捕的情况，要我去组织落实。

我当时问高岗这件事给其他人说过没有，他说跟陈云说过。我又问他，东北呢？他说没有。我说，这件事不能扩大，传开不好。说这事时，高岗的秘书在场。之后，我在东北局组织部布置工作时，将审查干部工作分成两个组，一个组查现实表现，一个组查阅敌伪档案，查阅的对象不做特别限定，避免给人留下是专门查看某个人的印象。这件事即使是后来任组织部长的郭峰，和具体承办这项工作的同志也不知道查阅敌伪档案的目的，查阅结果是按敌伪档案的原本情况上报的。

对照一下《我的八十五年》中的这段论述与《尘封的历史》中相关论述的区别，三点重大不同立刻呈现：

第一，《尘封的历史》中叙述“查档事件”的重要内容，即“我是布置给郭峰去办的，我要求郭峰要严格保密，查阅的对象不要做特别限定，避免给人留下是专门查看某个人的印象。查看后的情况，要严加保密。郭峰也是这样去办的”，完全被删掉了。

第二，《尘封的历史》中说“我是布置给郭峰去办的”，《我的八十五年》中则说“我在东北局组织部布置工作时……”由布置给郭峰去办变成了张秀山亲自去办。

第三，《尘封的历史》中只字未提的“高岗秘书”，在《我的八十五年》中正式登场了。《我的八十五年》中用肯定的语气说：“说这事时，高岗的秘书在场。”

以上三点集中到一点，就是《尘封的历史》中查刘少奇档案的“经办人”郭峰，到《我的八十五年》中已经完全退场了，变成了“这件事即使是后来任组织部长的郭峰，和具体承办这项工作的同志也不知道查阅敌伪档案的目的”。而在《尘封的历史》中只字未提的"高岗秘书"赵家梁则取代了郭峰，正式登场，成了高岗与张秀山讨论此事的"见证人"。

同一本回忆录的二稿和三稿（也是定稿）在叙述如此重大的问题时竟然能发生这么大的变化，确实让人有些匪夷所思。当然，通过上文的叙述，我们已经知道了这个变化主要是由于当事人郭峰明确表态《尘封的历史》中的相关描写不符合历史事实。

然而，修改后的《我的八十五年》中的描述，就与事实相符吗？新出场的赵家梁，在高岗给张秀山"说这事时"，真的在场吗？

下面，请看当事人的回答。

2. 赵家梁明确表态"高岗向张秀山布置查档"一事时自己并不在场

赵家梁作为高岗的最后一任秘书，确实与高岗有很多的交流。他撰写的一系列文章和书籍，为深入研究高饶事件提供了很多难得的史料。笔者自 1995 年承担了中国中共党史人物研究会下达的《高岗传》写作任务以来，先后于 1998 年 11 月 23 日、1999 年 2 月 2 日、1999 年 3 月 24 日、2000 年 1 月 28 日、2002 年 6 月 20 日共 5 次去赵家梁家中就高饶事件的有关问题进行访谈，向其请教，期间还与赵家梁有过数次电话交流。

2000 年 1 月 28 日，笔者与另一位同事在北京赵家梁的家中，再次就"查档事件"询问了赵家梁。

笔者问：

您说 1953 年春，毛泽东要高岗查看沈阳敌伪档案中有关刘少奇 1929 年在奉天被捕的情况，高岗去了吗？您有何依据？

赵家梁回答说：

高岗没有去，他交给张秀山办理的。结果我不知道，郭峰可能知道。我是在高岗被管教期间，高岗透露给管教组的，我是听说的。[1]

赵家梁的回答虽然简单，但从中却可以让我们澄清一个重要问题：虽然赵家梁关于“查档事件”的叙述有声有色，虽然赵家梁在接受不同人采访时讲述了关于“查档事件”的不同版本，但实际上他既不是这起“查档事件”的当事人，也不是这起“查档事件”的见证人。按他自己的说法，他只是后来在高岗被管教期间才“听说”此事的。

至于赵家梁是听高岗说的，还是听高岗的夫人李力群说的，已经没有必要再去深究了。

因为赵家梁的简短叙述，已经证明了下列重要史实：

第一，高岗秘书赵家梁与高岗夫人李力群一样，只是这起“查档事件”的“听说”者。

第二，《我的八十五年》中关于“说这事时，高岗的秘书在场”这句断语，是作者虚构的。

至于《我的八十五年》中为什么要虚构“说这事时，高岗的秘书在场”这句话，了解了《我的八十五年》的成书经过，自然也就明白了。

3.“听说”者赵家梁在不同场合关于“查档事件”的描述相互矛盾

从20世纪90年代起，曾任高岗秘书的赵家梁多次与来访

① 《访问赵家梁谈话记录》（2000年1月28日），访问者：戴茂林、赵晓光。

者谈高饶事件，其中也在不同场合谈到过“查档事件”。但由于很多谈话内容并未公开发表，所以本书仅引用他在《高岗在北京》和《杨文》中公开发表的相关论述，看看赵家梁在不同场合叙述同一事件的矛盾之处。

《高岗在北京》一书中关于“查档事件”的叙述有以下几个要点：

第一，毛泽东让高岗查刘少奇档案的时间是“1953 年春夏之交”。

第二，毛泽东命令高岗“亲自去查阅东北的敌伪档案，了解 20 年代刘少奇在奉天被捕后的表现”。

第三，“高岗把查敌档的事交给张秀山去办。”

《杨文》中关于“查档事件”的叙述虽然字数不多，但也有三个要点：

第一，“高岗进京前，毛让他查东北的敌伪档案，看刘在东北被捕的表现如何。”

第二，“高岗让组织部的人去查的。郭峰是布置这件事的主要领导人。”

第三，“这事高岗告诉了陈云、张秀山。但他们从来不讲这件事。”

比较一下《高岗在北京》一书中和《杨文》中关于“查档事件”的论述，就可以发现赵家梁在不同时间、不同场合关于“查档事件”的叙述有明显的矛盾之处：

第一，时间的矛盾。《高岗在北京》一书中说毛泽东让高岗查刘少奇档案的时间是“1953 年春夏之交”，《杨文》中则说是“高岗进京前”。高岗是 1952 年 10 月进京的，与“1953 年春夏之交”差了大半年。所谓的“查档事件”究竟发生在何时?

第二，查办人的矛盾。按照《杨文》中的说法，高岗接到毛主席的查档指示后是“让组织部的人去查的，郭峰是布置这件事的主要领导人。”但《高岗在北京》中却说毛泽东交给高岗的这个“绝密任务”是“命他亲自去查阅东北的敌伪档案”。那么，这项所谓的“绝密任务”究竟是谁去办的?是高岗亲自去办的还是郭峰去办的?

第三，张秀山角色的矛盾。按照《高岗在北京》一书中的说法，高岗是把“查敌档的事交给张秀山去办”的，张秀山应是这件事的主角。但在《杨文》中，由于强调“郭峰是布置这件事的主要领导人”，张秀山成了只是被高岗告知此事的配角。那么，张秀山在这起“查档事件”中究竟是什么角色?

当然，在了解了赵家梁并不是“查档事件”的当事人只是一位“听说”者之后，也就明白了他在不同场合关于“查档事件”的叙述出现相互矛盾之处，是不可避免的了。

四、“刘少猷”与“刘少奇”名字相近且先后任满洲省委书记导致误认二者为一个人

所谓的“查档事件”在后来广为流传，原东北局纪委副处长李纯六是一个关键人物。

可以说，最早提出“高岗要查刘少奇在满洲省委档案”的人就是李纯六。只是那时的李纯六是站在揭发高岗的立场上提及此事的，与后来流传的“毛泽东让高岗查刘少奇档案”一事实际上并无关联。

1. 误认为“刘少猷”与“刘少奇”是一个人的李纯六其人其事

郭峰在论述东北局1952年清理敌伪档案工作时是这样评价李纯六的作用的：

李纯六不但当时负责一个组参加了清理档案工作，而且他还认为刘少猷和刘少奇是一个人。高饶事件发生后，李纯六揭

发说：高岗要查刘少奇在满洲省委档案，让郭峰、张秀山布置查，而且要把刘少猷与刘少奇弄成一个人，给刘少奇栽赃。“文化大革命”爆发后，李纯六又跳出来，说当年我要查刘少奇档案，郭峰不让查。

说起李纯六，也非等闲之辈，而是1937年就参加革命的老同志。

李纯六1922年6月4日出生于山西省昔阳县，父亲做过银匠，家庭出身属于自由职业者。相对宽裕的生活条件使得李纯六能够读完小学又进入县立高小。七七事变爆发后，李纯六弃笔从戎，投身于抗日救亡运动中，并于1937年11月加入了中国共产党。参加革命后，李纯六历任昔阳县第二游击大队参谋、八路军独立支队二大队组织干事、晋冀鲁豫军区司令部参谋、一二九师十一旅司令部参谋、抗日军政大学总校政治部组长等职务。解放战争打响后，李纯六奔赴东北，曾任通化地委社会部助理、临江县公安局局长、抚松县公安局局长、县委书记等职务。1950年6月，李纯六被调到东北局，任东北局纪律检查委员会检查组副组长。1953年6月任东北局组织部干部处副处长。

李纯六确实是东北局清理敌伪档案工作的重要参加者，而且东北局清理敌伪档案工作后整理的《满洲党史资料》，就是由他负责的，并且是他写的说明：

此译稿未经审核，用时还要与原日文对照审核始可。如其中有已编入十四集参考资料内者，则以参考资料所载之为准。

李纯六。①

① 公安部办公厅档案处：《东北地下党之档案》，总号128，类号4—3（1964年6月2日）。

李纯六在东北局清理敌伪档案工作过程中误把刘少猷与刘少奇混同为一个人，应该说还只是工作中的失误，并非主观上有意为之。但 1957 年反右运动发生后，李纯六却因此被中共辽宁省委开除了党籍。开除李纯六的党籍主要理由还是他在当年清理敌伪档案的工作中，对满洲省委评论有问题，“诬蔑刘少奇，诽谤满洲省委”。从此，李纯六被下放劳动 20 多年。

改革开放后，李纯六的问题也得到了复查和解决。1978 年 4 月，李纯六经组织审核，被甄别平反，恢复了党籍和原有的工资级别，并于 1980 年 5 月担任了鞍山市副市长，1983 年任鞍山市人大常委会副主任，1985 年 10 月离休休养。

1999 年 12 月 16 日，李纯六在北京逝世，享年 77 岁。

现在回过头来客观分析，当年在清理敌伪档案的过程中李纯六之所以误认为刘少猷与刘少奇是一个人，固然有他本人工作粗糙的原因，但也与刘少猷与刘少奇的名字仅有一字之差有关，更与刘少猷与刘少奇曾相继任中共满洲省委书记、而刘少猷又英年早逝知道他的人极少有关。

2. 刘少猷与刘少奇曾相继任中共满洲省委书记

提起中共满洲省委，可能很多读者并不熟悉，因为中共满洲省委存在的时间比较早，活动地域又是在比较偏僻的东北，属于党在第二次国内革命战争时期的一个地方组织。

不过，中共满洲省委在中国共产党领导的白区斗争中，却有着其他党的地方组织所不具备的特点：

第一，中共满洲省委地处中国抗日战争的第一线。中国的抗日战争是从 1931 年九一八事变开始的，中共满洲省委就是中国共产党领导东北人民反抗日本帝国主义侵略的具体组织者和领导者。

第二，中共满洲省委肩负双重使命。由于中共满洲省委所处的特殊环境和时期，决定了它既要组织和领导反帝反封建革命斗争，还要用更大的精力直接发动和领导反抗日本帝国主义侵略的抗日战争。

第三，中共满洲省委的组织成分带有国际色彩。中共满洲省委所拥有的党员虽然以汉族居多，但党内既有在当地发展的朝鲜族党员，又有从朝鲜共产党转入的党员。

第四，中共满洲省委的上级领导变化较大。中共满洲省委当然要接受中共中央的领导，但很长一段时间里它又受中共驻共产国际代表团领导，甚至有时还直接受共产国际领导。

第五，很多中共早期领导人都曾领导过中共满洲省委。陈为人、刘少猷、刘少奇、林仲丹、陈潭秋、罗登贤等都曾先后任中共满洲省委书记。

第六，一批中华民族的抗日英雄出自中共满洲省委。抗日民族英雄杨靖宇、周保中、赵尚志、李兆麟、冯仲云、魏拯民、金伯阳、赵一曼等都曾是中共满洲省委的重要成员。

此外，中共满洲省委还可能是中共中央领导下负责人更换最为频繁的一个地方党组织。因为它自 1927 年 10 月成立至 1936 年 1 月撤销，8 年多的时间里共有 15 位书记（含代理书记）。

中共满洲省委的第一任书记是陈为人，第二任书记是王立功。但由于王立功因病在上海休养，所以中央于 1929 年 2 月 16 日在任命王立功为中共满洲省委书记的同时，又任命刘少猷为代理书记。刘少猷于 1929 年 5 月中旬被中央调回上海后，刘少奇被中央任命为中共满洲省委书记。因此，刘少猷与刘少奇实际上是相继负责中共满洲省委工作的前后任满洲省委书记。

刘少猷即刘平楷，生于 1902 年，云南省彝良县人。他 1925 年加入中国共产党，曾任中共上海沪东区委书记、中共上海闸北区委书记、中共湖北省委书记等职，1928 年 12 月被中央派赴东北参加满洲省委工作。但他与夫人程寄如到沈阳后，刚与满洲省委接上关系，满洲省委即遭到了破坏。在此特殊时刻，刘少猷及时向中央汇报了满洲省委被破坏的情况，并于 1929 年 1 月 2 日在沈阳主持召开了东北地区党、团组织联席会议，成立了中共满洲省委临时委员会，刘少猷任省委书记兼军委书记。

1929 年 1 月 13 日，中共满洲省委临时委员会在《满洲省临委关于本身的组织状况及对中央的请求信》中，将东北地区党、团组织联席会议上成立的中共满洲省委临时委员会组成情况报告给中央：刘少猷书记兼军委、韩西平组织部、王仲一职委书记。

但是，由于当时党内“左”倾路线占据统治地位，片面强调“指导机关工人化”，所以，在中央 2 月 16 日正式批准成立的满洲省委中，工人出身的王立功被任命为省委书记。只是由于王立功当时因患肺病在上海治疗，所以同时又任命刘少猷为代理省委书记。

刘少猷负责满洲省委期间的工作是很有成效的，但由于当时“左”倾当道，所以，王立功于 1929 年 3 月回到沈阳后，虽然三天两头病倒在床，但仍对刘少猷的工作吹毛求疵，二人之间隔阂日深。

1929 年 4 月 15 日，中央来信调刘少猷回上海。在刘少猷走后，1929 年 5 月 28 日，王立功等以中共满洲省委的名义给中央写了一封关于刘少猷问题的信，对刘少猷进行了全面否定。

这封信开篇就说：

满洲的党部几乎完全被少猷同任光送葬了！自从前省委破坏后，就是少猷同任光接手工作，从他们接手工作以来，除去把文件失没了三分之二和各地关系丢掉了大半外，就是把前省委所积存的钱和中央所有的津贴一总的胡费掉。但是工作始终是停顿的，痛哉！危哉！使着现在的我们真是无力维持了！①

信中开列了刘少猷的三大罪状：一是“根本观念的动摇”，二是“工作情绪的消极及生活表现的官僚化”，三是“经济管理及支配”方面的一系列具体问题。

信中还提出：

希望中央对他能有相当的处分，至少也须要查看几年。

鉴于满洲省委的这种状况，1929 年 6 月 4 日召开的中央政治局会议决定，派时任中共上海沪东区委书记的刘少奇任中共满洲省委书记。

长期从事党的地下工作的刘少奇和夫人何宝珍于 1929 年 7 月 14 日辗转到达沈阳后，很快就开创了满洲省委工作的新局面。

由上述简介中可知，刘少猷与刘少奇只是相继负责中共满洲省委工作，此外二人并无任何关系。但由于刘少奇与刘

---

① 中央档案馆、辽宁省档案馆、吉林省档案馆、黑龙江省档案馆：《东北地区革命历史文件汇集》（1929 年 3 月—1929 年 10 月），第 133 页。

少猷的名字只有一字之差，而且刘少猷年仅 28 岁时就于 1930 年 7 月在云南被军阀杀害，所以在新中国成立初期知道刘少猷的人很少，以至于在清理满洲省委档案时，发生了李纯六认为刘少猷就是刘少奇的事情。虽然由于郭峰等人的坚持，当时没有把刘少猷改为刘少奇，但还是为后来留下了一系列的隐患。

不过，通过上述介绍也可以清楚，虽然当时在清理敌伪档案时李纯六误把刘少猷当成了刘少奇，但刘少猷在满洲省委工作期间并没有被捕，此事与所谓的“查阅敌伪档案中有关刘少奇 1929 年在奉天被捕情况”一事并无关联。

3. 刘少猷英年早逝鲜为人知

以刘少猷为代理书记的满洲省委，虽然在工作中也难以避免地存在一些错误和不足，但实事求是地评价，还是功大于过的。对此，当时的党中央就做过结论。

王立功 1929 年 5 月 28 日状告刘少猷的信送达党中央时，刘少猷已经返回了上海。由于王立功在信中要求中央对刘少猷“能有相当的处分，至少也需要察看几年”，所以，中央对刘少猷在满洲省委的工作情况进行了调查。

1929 年 8 月 11 日，刘少猷就中共满洲省委的上告信提出的问题给中央写了一封答辩信。他在信中对自己在满洲省委工作期间存在的错误做了检讨，承认自己“工作情绪消沉”，在经济问题上“特费开支较多，支配的不适当”。但对信中指责的其他问题，刘少猷则一一予以驳斥，并请求中央“召开满委负责人举行对猷当面的批评会”。

1929 年 8 月 15 日，中共中央召开了有中央领导同志在场、曾任和现任满洲省委负责人王立功、刘少猷、张任光参加的会议，以解决满洲省委内部存在的问题。经过一番激辩后，中央对满洲省委报告中提出的问题，做出如下结论：

（1）关于刘少猷同志根本观念动摇批评太过火；（2）工作消沉少猷已承认；（3）生活的腐化不能充分的证明；（4）经费的支配不当。

中央还认为：

关于报告本身文字结构不妥失了批评的立场。……在会议上因为立功同志对少猷、任光的答辩不充分，没有事实的证明，固有许多地方得不到适当的结论。[①]

中央的结论虽然也指出了刘少猷工作中的不足，但对王立功的状告信是持反对态度的。

后来的事实也证明，刘少猷同志对党领导的革命事业是忠贞和坚定的。

1929年秋，刘少猷被中央派往云南昆明，从事党的地下工作。刘少猷在昆明工作期间，发动群众，积极工作，勇敢地同敌人进行斗争。然而，非常不幸，刘少猷于1930年5月被敌人抓捕，押入大牢。但刘少猷虽然身陷囹圄，面对敌人的严刑拷打，却坚贞不屈，表现出了共产党人的崇高气概。1930年7月，刘少猷被敌人用刺刀杀害在监狱里，为党和人民的革命事业献出了自己年仅28岁的宝贵生命。

刘少猷虽然是大革命时期就加入中国共产党的早期党员，又担任过中共上海沪东区委书记、中共上海闸北区委书记、中

① 转引自刘贵田等著的《中共满洲省委史研究》，沈阳出版社2001年版，第114页。

共湖北省委书记，中共满洲省委书记等重要职务，但由于他英年早逝，年仅 28 岁就牺牲于狱中，所以，新中国成立初期知道刘少猷的人少之又少。这也是李纯六误认为刘少猷就是刘少奇的重要原因。

五、在东北局高干会议上无论是罗瑞卿、林枫的讲话还是张秀山、郭峰的检讨，都未提及“查档事件”

虽然关于“查档事件”的流传有不同的版本，赵家梁的讲述与张秀山的回忆也有许多矛盾之处，但“查档事件”的提出源于东北局高干会议，发生在会议进行中罗瑞卿与张秀山的对话，却是他们一致的表述。

然而，任何人的记忆都可能有误，任何人的叙述都要经得起逻辑推敲。如果“查档事件”真的是在东北局高干会议期间提出来的，张秀山、郭峰在会议上的检讨，或者是罗瑞卿、林枫在会议上的发言，能不提及这一事件吗？

虽然这只是一种推测，但至少我们目前没有发现他们乃至参加东北局高干会议的任何人，在东北局高干会议上提到过此事。

1. 代表中央指导会议的罗瑞卿在讲话中并未提及"查档事件"

东北局高干会议全称为"东北地区党的高级干部会议"，于1954年3月26日到4月24日在沈阳召开。

这次会议的主要内容是传达中共七届四中全会的决议，检查东北地区党的工作。出席会议的人员有517人，列席人员170人，会议由东北局代理书记林枫主持。

会议召开的前一天，周恩来受中共中央委托，与公安部长罗瑞卿等人乘火车离京赴沈阳参加会议。

会议首先听取了周恩来关于中共七届四中全会决议和高岗、饶漱石问题以及初步结论的传达报告。周恩来在报告中详细介绍了高、饶进行反党分裂活动的主要事实，批判了高、饶的资产阶级极端个人主义思想，并指出：高岗的错误已经"不是普通的政治、思想、组织错误，也不是党内严重的路线错误"，他已走上分裂党、反对党的道路，变成了资产阶级个人主义的野心家。

周恩来作完报告后，于3月28日返回了北京，罗瑞卿则留下来继续指导会议。

这次东北高干会议是大会小会相结合，检讨、揭发一并进行。张秀山、张明远、郭峰、马洪、赵德尊等一批东北局的主要领导都在会上作了检讨，其中多数检讨了两次；东北军区副政委周桓等42人在会上作了揭发批判高岗反党反中央活动的发言。

罗瑞卿的讲话是经中央书记处审核修改过的。4月17日，毛泽东曾对罗瑞卿的这份发言稿作如下批示：

此件可用。略有修改。

罗瑞卿的讲话首先指出这次会议的任务是：

传达党的四中全会的决议并依据党的四中全会的精神，来彻底揭露高岗反党、反人民、反国家的滔天罪行和肃清高岗在东北地区的恶劣影响。

然后，罗瑞卿讲了三个问题：第一，高岗分裂党，在党内煽动和组织宗派，阴谋夺取中央权力的罪恶活动，是长期的、有计划的；第二，高岗反党、反中央的一个最突出表现，是他把自己所领导的地区当成独立王国；第三，对东北地区党组织及其工作的评价。

罗瑞卿在讲话中提出，高岗的反党活动有两个方面的纲领。一方面是强调“东北特殊”“东北先进”和“东北一贯正确”，另一方面，就是“他拼命地反对少奇同志，说少奇同志有一系列的错误，说少奇同志有宗派，说少奇同志支持彭真同志在东北初期的错误等等”。

罗瑞卿在讲话中对高岗反对刘少奇的言论进行了批驳，说：

说少奇同志支持彭真同志在东北初期的错误，完全是造谣。事实是怎样呢？事实是少奇同志不仅从未支持过彭真同志的错误，而且最早发现彭真同志有错误的并设法纠正彭真同志错误的，正是少奇同志。说少奇同志有宗派，更是极端无耻的污蔑。此外有些根本就不是什么错误，有些是属于个别性质的缺点和错误，这些个别性质的缺点和错误中又有些是属于处理某些具体工作问题上的缺点，是任何人在实际工作中都难以完全避免的，而且是早已解决了的。如果要全面加以考虑，某些个别的缺点和错误，在少奇同志整个历史上所占的地位，可以说是不值一提的。

罗瑞卿在讲话中对于刘少奇在党内的地位做了高度的评价，说：

少奇同志在我们党的斗争历史上，在全部重要关节上，他都是正确的；少奇同志对于党的事业和人民革命的事业的无限忠诚，少奇同志对于革命斗争和各种党内工作、群众运动的领导才能都是久经考验的；少奇同志是我们党内的马克思、列宁主义理论修养并善于运用理论指导革命实际的党中央的主要领导同志之一。少奇同志根据马克思、列宁主义和中国革命的经验，根据党和毛泽东同志制定的路线，写了一些为全党所共知并在革命中起过很大作用的理论著作。如果我们有同志不看这些主要的方面，而只看到属于个别性质的缺点，甚至加以夸大，就很有可能要上像高岗那样的反党野心家的当。这也是高岗事件中一个应有的教训。

应当再次强调，罗瑞卿关于刘少奇在党内重要地位的上述谈话，并非是他个人的见解，而是经中央书记处审核批准的表述，代表的是以毛泽东为核心的党中央对于刘少奇的评价。如果真像“查档事件”所言，毛泽东此时就已经不信任刘少奇了，能对刘少奇做出如此的评价吗?

罗瑞卿在讲话中还公开点了张秀山、张明远等的名字，说他们“参加了以高岗为领导核心的反党小集团”，但他在整个讲话中并没有提到与“查档事件”有关的任何内容。

2. 在会上多次检讨的张秀山、郭峰等人都未提到“查档事件”

张秀山在会议上共做了两次检讨。在 3 月 31 日的检讨中，他总结了自己犯有五个方面的错误：对高岗盲目的信任与崇拜；以宗派主义的观点错误地来看少奇同志及其他同志；在第二次全国组织工作会议上讲话的错误；在干部政策方面的错误；骄傲情绪。在 4 月 23 日的第二次检讨中，张秀山又针对会议上的揭发和批判，就“宗派性干部政策”、“包庇高岗腐化生活”、“传播高岗反党言论”三个问题，进行了检讨和说明。

值得注意的是，虽然在当时的特殊环境下，张秀山在检讨中不得不违心地“接受”了“反党”的罪名，说：

过去我认为反对少奇同志不是反党反中央，因为我认为我对于中央和毛主席的无限信任是毫无问题的。经过同志们的分析批判，使我认识到反少奇同志就是反党反中央……

但是，张秀山在会议上的几次发言却从来未提“查档事件”。

郭峰在会议期间也做了两次检讨，而且他在会后还写了 4 份交代材料：《关于我与张秀山在第二次组织工作会议发言的经过情况》《我在东北局工作期间与张秀山、张明远、赵德尊等同志的关系及相互间非法议论的情况》《我与赵石、杨易辰、高扬等三个同志非法议论的情况》《关于我与高岗的关系》。

这些材料详细地交代了他与这些同志工作时和私下里交流的一些情况，其中不乏彼此之间的一些谈话细节。但是，却并无与“查档事件”有关的任何情节。

关于 1952 年 7 月到东北局组织部后与张秀山的关系，郭峰在《我在东北局工作期间与张秀山、张明远、赵德尊等同志的关系及相互间非法议论的情况》中写道：

我是 1952 年 7 月到东北局组织部任副部长，到 1953 年 4 月提为部长。在这个期间，我主要是忙于组织工作业务（因为我从未做过组织工作，业务不熟悉），很少参与其他方面工作，在日常工作中主要是与张秀山同志联系（他当时是部长），主要谈的是干部调配问题。在这个期间张秀山同志没有与我谈到有关高岗的任何反党言论问题，只是与我议论过饶斌、沈越同志的事。同年8月张秀山同志曾去中央组织部开会谈调干部充实中央机构，回来的表现给我的印象对少奇同志指示及中央组织部的决定是尊重的。

郭峰这段叙述中的两个要点是需要特殊强调的：

第一，“在这个期间张秀山同志没有与我谈到有关高岗的任何反党言论问题”。

第二，张秀山“对少奇同志指示及中央组织部的决定是尊重的”。

之所以要强调这两点，是因为此时高岗已经被称为“反党野心家”，出席东北局高干会议的人，尤其是受高岗问题影响的郭峰等东北局领导，都在竭力划清自己与高岗的界限。在这样的背景下，郭峰仍然强调“张秀山同志没有与我谈到有关高岗的任何反党言论问题”，张秀山“对少奇同志指示及中央组织部的决定是尊重的”，恰好可以从一个方面证明，“高岗向张秀山布置查刘少奇的档案，张秀山又把这个任务交给了郭峰”，是不符合实际的。因为如果高岗真的向张秀山布置过查刘少奇的档案，张秀山又把这个任务交给了郭峰，此时就会成为高岗反党的证据，即使郭峰不予揭发，他也不会在此时去强调“张秀山同志没有与我谈到有关高岗的任何反党言论问题”了。

3. 主持会议的林枫在总结发言中也未涉及“查档事件”

主持会议的林枫是在会议的最后一天作的总结发言。

林枫的发言共有五部分。

第一，会议取得的重大成就。

林枫说：

这次会议开得很好，周恩来同志的报告给我们极大启发和深刻的教育，这是我们会议开得好的决定关键。会议根据党的七届四中全会和周恩来同志报告的精神，进一步揭发了高岗的资产阶级个人主义野心蓄意已久，其企图夺取党和国家领导权的阴谋活动，早已积极进行，与会同志对高岗这种叛党叛国的滔天罪行，一致表示极度愤慨，并认为中央及时地揭露和制止了高岗和饶漱石反党反中央的阴谋活动，是我党一次具有伟大历史意义的胜利。会议也揭发了东北局某些负责同志实际上积极参加和支持了高岗反党反中央罪恶的宗派活动，与会同志对于他们的反党反中央的宗派活动深为憎恶。会议对于东北局在高岗问题上所犯的严重的原则错误，进行了严肃的批判与指责，对部分高级干部中所存在的骄傲情绪、个人主义、自由主义、宗派情绪也进行了初步的检查与批评。经过这次会议，与会同志受到了极其深刻的教育，对于维护党的统一和团结、巩固和提高中央威信的重要性，有了更深刻的认识和更大的自觉。

第二，东北局对于高岗的问题负有严重责任。

林枫说：

高岗在担任东北局书记期间，即把东北地区作为自己的独立王国，和中央分庭抗礼。高岗在传达中央的会议内容时，时常夹杂流言蜚语，并贩运他的私货。他对中央的某些政策和指示，因为不合自己的口味，往往就拒不执行或阳奉阴违。

高岗的干部政策是“顺我者昌，逆我者亡”。

东北局在高岗问题上，在思想上、政治上、组织上都犯了严重的原则错误，给党与人民的事业造成了很大的损失，这是一种不可饶恕的严重失职行为，我同意大会的意见，请求中央给东北局以组织处分。

第三，高岗的恶劣影响在东北地区的主要表现。

林枫在发言中归纳了高岗的恶劣影响在东北地区的主要表现，共有四个方面：

一是党的部分干部特别是部分高级干部，相当普遍地在不同程度上滋长着一种极端危险的骄傲情绪。

二是错误地夸大个人作用忽视党的集体领导，在某些部门某些工作中不注意强调党组织的领导作用。

三是在部分高级干部中，对提高中央威信注意很差，对破坏中央威信破坏党的团结的流言蜚语，缺乏政治嗅觉，不能及时批评和抵制，甚至加以自由传播。

四是部分党的组织生活不正常，自我批评特别是自下而上的批评不够开展。

第四，东北地区各级党委基本上仍然是遵循中央的正确方针路线进行工作的。

林枫在发言中虽然认为东北地区的工作受到了高岗的恶劣影响，但他也说：

由于以毛泽东同志为首的党中央的高度威信，由于东北地区广大党员和干部对中央的坚决拥护，也由于高岗的阴谋暂时还不能不带着拥护中央的面具，东北全境解放以来，东北地区各级党委（包括东北局）基本上仍然是遵循中央的正确方针路线进行工作的。

第五，各级党委要认真贯彻和落实中央和这次会议的精神。

林枫的发言也是这次会议的总结。虽然他在总结中讲的很全面，但其中也是只字未提所谓的“查档事件”。

4 月 24 日，大会通过了《东北地区党的高级干部会议关于拥护七届四中全会和讨论高岗、饶漱石问题的决议》，同时还通过了《东北地区党的高级干部会议向中央的建议》，提出：

东北地区党的高级干部会议鉴于张秀山、张明远、郭峰、马洪、赵德尊等同志均积极参加高岗反党反中央的宗派活动，错误十分严重，特建议中央撤销他们现任东北局副书记和东北局委员及其他党内职务。

4 月 28 日，中央政治局召开会议批准了《东北地区党的高级干部会议关于拥护七届四中全会和讨论高岗、饶漱石问题的决议》和《东北地区党的高级干部会议向中央的建议》，并于 5 月 4 日将东北局向中央的请示报告及上述两个文件和林枫、罗瑞卿在东北高干会议上的发言批转发给各中央局和省、军以上党委。

至此，对揭发批判“高饶事件”有重大影响的东北地区高干会议全部结束。

然而，我们在这次会议的所有文件中并未发现有关“查档事件”的任何文字表述。

六、毛泽东与刘少奇的分歧始于“查档事件”10多年后的“四清”运动

1968年10月31日，中共扩大的八届十二中全会批准了《关于叛徒、内奸、工贼刘少奇罪行的审查报告》。报告中提出：

撤销刘少奇党内外一切职务，永远开除党籍，并继续清算刘少奇及其同伙叛党叛国的罪行。

至此，铸成了中国共产党历史上最大的一桩冤案。

打倒刘少奇，党的最高领袖毛泽东当然要负主要责任。毛泽东为什么要打倒刘少奇，是一个不是本书能够说明而是需要专门研究回答的复杂问题。但毛泽东是从何时起要“从政治上搞掉”刘少奇的，则是在考证有无“查档事件”时不能回避的一个问题。

因为所谓的“查档事件”，正是一些人论证毛泽东在1953年“就想把刘少奇拿下来”的主要论据。宣扬“查档事件”的《杨文》就公开提出：

毛想把刘拿下来不是 1964 年，也不是 1962 年，而是 1953 年。

然而，历史研究是不能靠“心证”来论证的。事实证明，毛泽东 1953 年想拿下来的不是刘少奇，而是高岗。

当然，毛泽东后来是把刘少奇拿下来了，但那已是 10 年后的“四清”运动中的事情了。

1. 毛泽东在回答斯诺提问时明确说想把刘少奇“从政治上搞掉”的时间是 1965 年 1 月

1970 年 12 月 18 日，毛泽东在中南海游泳池住处，与斯诺进行了一次长达 5 个多小时的谈话。

在这次谈话中斯诺直截了当地问毛泽东：

你什么时候明显地感觉到必须把刘少奇这个人从政治上搞掉？

毛泽东也并不含糊地回答说：

1965 年 1 月，“二十三条”发表。“二十三条”中间第一条就是说“四清”的目标是整党内走资本主义道路的当权派，当场刘少奇就反对。

斯诺继续问：

你是不是在那时感到必须进行一场革命的？

毛泽东肯定地回答说：

嗯。[1]

一名外国人，又是来自当时正与中国交恶的美国，能与毛泽东谈如此敏感的话题，足见二者的关系非同一般。

---

① 中共中央文献研究室：《毛泽东年谱》（1949—1976）第 6 册，中央文献出版社 2013 年版，第 357 页。

确实如此。埃德加·斯诺这位美国作家是中国人民诚挚的朋友，更是毛泽东个人的老朋友。

有位美国历史学家评价说：

埃德加·斯诺是自马可·波罗之后在西方世界认识中国问题上影响力最大的西方人，是新中国领导人唯一信任的美国人。作为一名美国记者、作家，斯诺把二十世纪上半叶中国人民的苦难和中国共产党人领导的革命真实展现在世界人民面前，与中国革命领导人和中国人民建立了深厚的友谊。他在留给妻子的遗嘱中写道，“我爱中国，我希望死后有一部分能留在那里”。

中国人了解并敬重斯诺，是从《红星照耀中国》（《西行漫记》）开始的。

《埃德加·斯诺传》的作者、美国学者约翰·汉密尔顿认为，斯诺的《红星照耀中国》是第一部介绍中国共产党及其领导人的书籍，影响了很多中国人，也激励了很多美国人。他说：

在三十年代，这本书是个爆炸性新闻，不光对美国人，对中国人来说也是如此。中国人当时也并不了解共产党人，这本书是他们了解共产党的一个窗口，知道了毛泽东和他的队伍并不是所谓的“红匪”。《红星照耀中国》点燃了人们对共产党人的兴趣，甚至引导很多人投身延安加入共产党。在美国，很多老一代的美国人都读过斯诺的书。这本书的出版使他（斯诺）立刻成为新闻界的名人，很多怀有新闻梦的年轻人希望成为像他那样的人，因为他富有冒险精神，去了中国见到了毛泽东并发表了非常重要的报道。这很令人激动，而且有重要的政治意义。

斯诺不仅仅是第一个采访中国共产党领导的苏区的西方记者，更是在1949年新中国成立之后，在中美两国隔绝的20多年间，唯一一位能获签证访华的美国人。而且他对新中国的访问不是一次，而是三次，并且每次都与毛泽东进行海阔天空地长谈。1970年10月1日，在新中国国庆21周年庆典之际，斯诺与毛泽东并肩站在天安门城楼上，成为首位和毛泽东一起检阅国庆游行队伍的外国人。

在1970年12月18日这次谈话中，毛泽东还与斯诺谈到了个人崇拜问题。毛泽东说：

说我是个人崇拜，你们美国人才是个人崇拜多呢！你们的国都就叫作华盛顿。你们的华盛顿所在的那个地方就叫作哥伦比亚区。总要有人崇拜嘛！你斯诺没有人崇拜你，你就高兴啦？你的文章、你的书写出来没有人读你就高兴啦？总要有点个人崇拜，你也有嘛。你们美国每个州长、每个总统、每个部长，没有一批人崇拜他怎么混得下去呢？

由个人崇拜，毛泽东又谈到了1966年发动“文化大革命”的情况，说：

那个时候的党权、宣传工作的权、各个省的党权、各个地方的权，比如北京市委的权，我也管不了了。所以那个时候我说无所谓个人崇拜，倒是需要一点个人崇拜。现在就不同了，崇拜得过分了，搞许多形式主义。比如什么“四个伟大”，讨嫌！总有一天统统去掉，只剩下一个，就是教员。因为我历来是当教员的，现在还是当教员。其他的一概辞去。过去这几年有必要搞点个人崇拜。现在没有必要，要降温了。①

---

① 中共中央文献研究室：《毛泽东年谱》（1949—1976）第6册，中央文献出版社2013年版，第358页。

从上述毛泽东对斯诺的谈话中不难看出，他与老朋友斯诺之间的谈话无所不谈，而且谈话内容是发自内心的，也是真实可信的。

至于毛泽东为什么要在那时把刘少奇从政治上搞掉，还要从20世纪60年代的社会主义教育运动说起。

2. 毛泽东与刘少奇在如何搞农村社教问题上产生分歧

提起20世纪60年代的社会主义教育运动，需要从党的八届十中全会重提阶级斗争讲起。

党的八届十中全会于1962年9月24日至27日在北京正式召开，但在此之前，实际上已经于8月26日到9月23日先开了近一个月的预备会议。

预备会议的前期，在讨论关于农业问题的几个文件的同时，批评了曾任农村工作部部长、时任国务院副总理的邓子恢的"单干风"。预备会议的后期，则转入批判彭德怀、习仲勋的所谓"翻案风"。

毛泽东在正式会议上重点讲了他关于社会主义社会阶级和阶级斗争的理论，他的这些把阶级斗争扩大化和绝对化的观点，体现在了党的八届十中全会的公报中。

公报中写道：

八届十中全会指出，在无产阶级革命和无产阶级专政的整个历史时期，在由资本主义过渡到共产主义的整个历史时期（这个时期需要几十年，甚至更多的时间）存在着无产阶级和资产阶级之间的阶级斗争，存在着社会主义和资本主义两条道路的斗争。被推翻的反动统治阶级不甘心于灭亡，他们总是企图复辟。同时，社会上还存在着资产阶级的影响和旧社会的习惯势力，存在着一部分小生产者的自发的资本主义倾向，因此，在人民中，还有一些没有受到社会主义改造的人，他们人数不多，只占人口的百分之几，但一有机会，就企图离开社会主义道路，走资本主义道路。在这些情况下，阶级斗争是不可避免的。这是马克思列宁主义早就阐明了的一条历史规律，我们千万不要忘记。这种阶级斗争是错综复杂的、曲折的、时起时伏的，有时甚至是很激烈的。这种阶级斗争，不可避免地要反映到党内来。国外帝国主义的压力和国内资产阶级影响的存在，是党内产生修正主义思想的社会根源。在对国内外阶级敌人斗争的同时，我们必须及时警惕和坚决反对党内各种机会主义的思想倾向。

党的八届十中全会重提阶级斗争，把反修防修上升到战略高度，这是毛泽东决定在全国城乡发动一场普遍的社会主义教育运动的主要动因。

然而，由于社会主义教育运动应当怎么搞，并不是一开始就有具体的方案和清晰的政策，所以在探索过程中，无论是工作实践还是思想认识都产生了很多歧异，尤其是党的一把手和二把手毛泽东与刘少奇之间出现了日益深化的分歧，成了毛泽东要“从政治上搞掉”刘少奇的动因。

1963 年 5 月 18 日，中央政治局会议通过了《中共中央关于目前农村工作中若干问题的决定（草案）》（共有十条，后来称为“前十条”），成为全国农村社会主义教育运动的指导文件。

这个《决定》草案下发后，各地开始进行农村社会主义教育运动的试点。但在“以阶级斗争为纲”思想的指导下，试点工作并不顺利，很多地方发生了混淆两类不同性质矛盾、打击面过宽的问题。所以，中央在7月份决定，由邓小平、谭震林主持起草《关于农村社会主义教育运动中的一些具体政策问题》，具体工作由毛泽东的秘书田家英组织一个起草班子负责。由于这个文件也写了十条，所以简称“后十条”。

9月6日至27日，中央在北京召开工作会议，讨论通过“后十条”。这次会议虽然通过了“后十条”，但也决定对这个文件要进一步修改。

10月5日，经过多次修改的“后十条”报送到毛泽东手里。10月10日，毛泽东带着“后十条”离京南下，分别向河北、河南、湖北、湖南、广东五省的省委、一些地委和中南局的负责人征求意见。随后，又到华东同华东局和华东地区各省市负责人商量。根据大家提出的意见，毛泽东对“后十条”做了一些修改和完善，并于10月25日为中共中央起草了《关于印发和宣传农村社会主义教育运动问题的两个文件的通知》，提出“前十条”和“后十条”两个文件同时下发，“要使全国人民家喻户晓”。

11月14日，刘少奇在北京主持召开中央政治局扩大会议，最后通过了“后十条”，并与毛泽东起草的中央通知一起下发。之后，全国宣讲“双十条”逐步形成高潮。

对于农村社教运动，主持中央日常工作的刘少奇是高度重视的。他不但代表中央多次强调各级领导干部一定要下去调查了解情况，而且身体力行，从1963年11月起，通过夫人王光美在河北省抚宁县卢王庄公社桃园大队搞了一个典型。

1964年5月15日至6月17日，中共中央在北京召开中央工作会议，重点谈论农村社会主义教育运动问题。

这次会议在以阶级斗争为纲思想的指导下，对形势作出了更加严重的估计。毛泽东在讲话中提出：

我们这个国家有三分之一的权力不掌握在我们手里，掌握在敌人手里。

刘少奇不但接受了毛泽东的这个判断，而且还有进一步的发挥。他在会议结束后去外地视察时说：

毛主席说我们的基层单位有三分之一领导权不在我们手里，这个话有人怀疑。

我也希望没有三分之一，问题是三分之一打不住。[①]

刘少奇还认为：

农村里面犯“四不清”错误的，可能不是少数，可能是多数。

中央工作会议后，刘少奇把更多的时间和精力用到了领导这场运动上来。从1964年6月28日到7月24日，刘少奇在河北、安徽、江苏、上海、湖南等地，同各省市党委负责人座谈农村社会主义教育等问题。回到北京后，他于8月1日召集在京党政军机关和群众团体负责干部大会，就农村社教运动发表了长篇讲话。

刘少奇在讲话中虽然说在过去的一年多里，“四清”“五反”是有成绩的，起了刹住歪风的作用。但他强调的重点是，认为：“四清”“五反”“多数是搞得不深不透，甚至没有搞开，没有入门”。“过去一年多，我们在革命斗争中间打了败仗，不是打胜仗。”他重点批评的是“党内严重右倾”。[②]

---

① 中共中央文献研究室：《刘少奇传》下，中央文献出版社1998年版，第953页。

② 中共中央文献研究室：《刘少奇传》下，中央文献出版社1998年版，第957页。

刘少奇对"后十条"也进行了批评，认为"后十条"对于强调放手发动群众不够，"后十条"提出依靠贫下中农、依靠基层组织的"两个依靠"也不对，在农村里面贫下中农是我们的唯一依靠。

对于"后十条"中提出的"团结两个百分之九十五"的问题、工作队的任务问题，刘少奇也提出了不同意见。

修改"后十条"，是6月17日中央书记处会议决定的。8月5日，中央书记处会议决定，"后十条"的修改工作由刘少奇负责。同时还决定，中央成立"四清""五反"指挥部，由刘少奇挂帅。

据中央文献研究室编写的《毛泽东传》披露，准备随同刘少奇参加"后十条"修改的田家英，在8月4日曾经向毛泽东请示对"后十条"的修改有什么意见。毛泽东谈了两点：第一，不要把基层干部看得漆黑一团；第二，不要把大量工作队员集中到一个点上。田家英在北京飞往武昌的专机上，把这些意见转告了刘少奇。但刘少奇紧皱眉头，没有说话。

《毛泽东传》中据此认为：

> 从刘少奇8月1日的讲话和毛泽东对修改"后十条"的意见中，可以隐约地感觉到毛泽东与刘少奇在"四清"问题上，乃至两人关系问题上出现一些不协调、不和谐的情况。①

实际上，毛泽东与刘少奇在"四清"问题上出现的不协调情况，并不是仅仅因为二者对于如何修改"后十条"的认识分歧，更主要的是毛泽东认为刘少奇指导"四清"运动的具体做法是"另搞一套"，"摸到一点东西就翘尾巴"。

---

① 中共中央文献研究室：《毛泽东传》（1949—1976）下，中央文献出版社2003年版，第1352页。

3. 毛泽东对刘少奇关于农村社教的“新建议”和“桃园经验”表面赞成实际并不感兴趣

1964年8月6日，刘少奇带领田家英等人来到广州等地，边调研边修改“后十条”。

8月16日，刘少奇从广州致信毛泽东，对农村社教运动的部署问题提出一个新建议：改变原先以县委领导为主的做法，采取在省委、地委领导下集中力量搞一个县的办法。

刘少奇在信中写道：

由各县分散去进行农村社会主义教育运动，是否能搞深搞透，我认为是难于保证的，至少也有一部分是没有保证的。因此，我向湖北、湖南省委建议：是否可以把各县工作队集中到地委，省委工作队也分到各地委，在省委、地委领导下集中搞一个县。县以下各行各业和城镇的五反以及农村社会主义教育，都由工作队统一包干或先或后地全部搞好。经过湖北、湖南省委讨论，他们都赞成这个建议。在我到广州之前中南局也赞成这个建议，并决定中南五省都照此办理。①

既然中央已经决定刘少奇挂帅“四清”指挥部，而且刘少奇已经向湖北、湖南省委提出了建议，所以，毛泽东在18日的复信中表示：“觉得很好，完全赞成。”但毛泽东在信中也同时提出：

十月工作会议还应该讨论此事一次，取得一致同意，统一党内思想。

实际上这是在委婉地表达对于刘少奇的这个建议党内实际

---

① 中共中央文献研究室：《毛泽东传》（1949—1976）下，中央文献出版社2003年版，第1353页。

上是并非“一致同意”。

然而，刘少奇对于毛泽东的意见却并未在意。8 月 19 日，刘少奇致信毛泽东并中共中央，告知“后十条”已经修改完毕，提出：

我意可以发给各中央局，省、地、县委征求意见，在十月会议时定稿。

同一天，刘少奇还给毛泽东写了一封推荐王光美关于“桃园经验”报告的信，提出：

王光美同志的这个报告，陈伯达同志极力主张发给各地党委和所有工作队的同志们。现代中央拟了一个批语，请中央审阅，如果中央同意，请中央发出。

刘少奇在为中央起草的转发批语中写道：

“关于一个大队的社会主义教育运动的经验总结”，是王光美同志在河北省委工作会议上的报告记录，是在农村进行社会主义教育的一个比较完全、比较细致的典型经验总结。文字虽长，但是好读，各地党委，特别是农村和城市的社会主义教育工作队，急需了解这种材料和经验。先特发给你们，望你们印发给县以上各级党委和社会主义教育工作队的队员阅读。

桃园大队的经验是有普遍意义的。

虽然刘少奇在致毛泽东的信中，是以“陈伯达同志极力主张发给各地党委和所有工作队的同志们”的口气推荐王光美关于“桃园经验”的报告，但从刘少奇为中央起草的转发批语中不难看出，刘少奇本人对于夫人王光美的这份报告是非常满意的。而且，这份报告在报请毛泽东之前，王光美已经在陪同刘少奇去一些省市巡视时，在河北、山东、河南、广东等地做了宣讲，在武汉因为天气太热没有讲，放了录音。

可是，虽然王光美到处介绍“桃园经验”，刘少奇也是极力推荐，但毛泽东对于“桃园经验”却并没有那么欣赏。8 月 27 日，毛泽东对“桃园经验”和刘少奇写的中央批语稿，做了如下批示：

此件先印发此次到会各同志讨论一下，如果大家同意，再发到全国去。我是同意陈伯达和刘少奇同志意见的。

虽然毛泽东不得不勉强地表态同意陈伯达和刘少奇的意见，但他并没有向刘少奇要求的那样立即将“桃园经验”转发全国，而是电令正在昆明的刘少奇回北京主持召开中央局第一书记会议，研究农村社教的有关问题。

1964 年 8 月 29 日至 9 月 1 日，中央局第一书记会议在北京召开。主持会议的邓小平宣布这次会议的目的，是解决“四清”的部署问题。他说，对社教运动的部署，少奇同志有个意见，主席为了慎重起见，找大家商量一下。

刘少奇在会上进一步阐述了他的意见。在刘少奇发言后，原本对刘少奇的建议有意见的华北一些同志在会上也转而表态支持刘少奇的意见。

毛泽东则仍然采取明里支持实际上并不赞赏的态度在 30 日的会上说：

有分歧，不一致，怎么办？不是什么路线之争，不是彻底革命和改良主义的问题，不是搞资本主义和搞社会主义的问题，是个部署问题，是个办法问题。

我同意少奇同志的意见，发了电报，没有先征求他们（华北）的意见，这是个缺点。雪峰说，粮食、棉花、经济作物主要在落后地区，怎样做法好？派一万多人的工作队下去，倾盆大雨，是不是径流太大？王光美在河北桃园大队实际上是少奇同志亲自指挥，王光美每月汇报一次，河北省就没有一个人能指挥。

虽然毛泽东没有挑开说，但他不同意派一万多人下去的做法以及认为“桃园经验”缺乏普遍意义的态度，也已经表露无遗。

4. 对运动性质的不同认识终于导致毛泽东与刘少奇前所未有地在政治局会议上公开冲突

从党的八届十中全会重提阶级斗争、开展社会主义教育运动以来，虽然毛泽东与刘少奇对如何在农村开展社教运动产生了一些矛盾，而且矛盾还在逐步加深，但二者之间并没有发生直接的冲突，毛泽东在表面上也都表示同意刘少奇的意见。这其中的主要原因，是从八届十中全会后，在以阶级斗争为纲统领社教运动这个根本问题上，毛泽东与刘少奇之间并没有冲突，某种程度上刘少奇比毛泽东的一些认识更加激进。二者的分歧主要体现在一些具体的做法上，并不是根本问题上的矛盾。

然而，随着农村社教运动的深入，如何认识运动的主要矛盾和运动的性质这些根本问题开始浮出水面，毛泽东与刘少奇的分歧也终于公开暴露。

1964年12月15日至28日，中央政治局召开中央工作会议，集中讨论城乡社会主义教育运动中的一些问题。

在这次会议上，毛泽东与刘少奇在农村社教问题上的分歧开始公开化。二人在会议上争论的具体情节，中央文献研究室编写的《毛泽东传》依据当时的会议记录，做了如下描述：

12月15日下午，中央工作会议召开全体会议。毛泽东主持会议。刘少奇就各地社教运动中反映的一些问题，提请会议讨论。

刘少奇说："陶铸同志有一封信给我，提出了一个农村新兴的富裕阶层、特贫阶层的问题。还有些地方提新资产阶级分子。农村里面用不用新资产阶级分子这个名字？还是就叫贪污盗窃分子、投机倒把分子？"

毛泽东说："恐怕农民他不懂得什么叫资本主义。你讲投机倒把，讲贪污盗窃，他懂得。"

刘少奇又说："看来，工作队的骨干力量不够分配，领导不很强。是不是战线过长了？是不是需要缩短一些战线？如何缩短？"

毛泽东淡淡地说了一句："缩短容易嘛，你一缩就行了。"

刘少奇说："有些地方提出，机关家属里面很多恶霸、地主、富农、四类分子。这是一个普遍性的问题。"

毛泽东说："也没有那么多。全国人口几亿，那些人总之是什么几百万、千把万嘛，又是散在各地。清是要清，多是不多，有是有。"

刘少奇还提出对"四清"中农民自己报出来的隐瞒的土地，要不要增加征购的问题。毛泽东说："不能征购。要到五年之后，在增产的条件下，酌量增加一点。（周恩来插话：'整个社教时期都不要征。'）粮食存在老百姓家里好呀。"

随后，刘少奇提出其他一些问题要大家讨论，并且说：就是这些问题，我也提不出什么。其余的都是你们提，或者今天也就可以提一点。

毛泽东说：今天不要提了，回去讨论。有话就在这里讲嘛。就在这里冲口而出，畅所欲言。

……

12月20日下午，在人民大会堂河北厅召开中共中央政治局常委扩大会议，继续讨论社教问题。谁也没有想到，在这次会上，毛泽东同刘少奇发生了当面的意见冲突。

毛泽东先到会场，同已到的一些人谈笑风生，气氛没有什么异常。

刘少奇来了。毛泽东要他主持会议，刘少奇执意不肯。毛泽东便要他先讲话。

刘少奇从蹲点问题讲起，谈到最近看到的几个材料。他说：“农村方面有一个问题，是陶铸同志提出的，说农村当前的主要矛盾是富裕农民阶层跟广大群众、贫下中农的矛盾。几个同志也这样讲，说农村里面已经形成富裕阶层了，已经形成特权阶层了。是这样提呢？还是原来提的地富反坏跟蜕化变质的有严重错误的坏干部结合起来跟群众的矛盾？”

毛泽东说：“地富反坏是后台老板，四不清干部是当权派。”他显然不赞成前一种提法，注意点已放到“当权派”上面了。

毛泽东说：“农村的中心问题是这一批干部，主要是大队和生产队的干部，骑在农民头上，农民不好混，穷得要死。”“地主富农那些人已经搞臭过一次了。不是反封建吗？不是民主革命吗？不是分土地吗？至于这些当权派，从来没有搞臭过。他又是共产党，上面又听他的。”

刘少奇接着说：“对当权派，这是头一仗。但他们后头有地富反坏。”

毛泽东：“漏划地富变成中农，变成贫农，有的当了共产党，因为他漏划了。那也是一种当权派。”

刘少奇又重复开头提出的问题：“这个主要矛盾怎么讲法？

广东是老早提出这个问题来了，我也看到了，我没有转发。这个问题恐怕要讨论一下，看这个语言怎么讲法?”

毛泽东好像没有理会，继续说他的：“他在那里记工分，搞会计，五大领袖嘛，五大领袖难道不是当权的?”

刘少奇还是讲陶铸提出的那个问题：“陶铸同志那个文件开始提出就有人不赞成，中央机关也有人不赞成，我听到了这个反映。”

毛泽东则照样讲他的：“不要管下层，只管‘五大领袖’，这是共产党，是当权的人，不当权也是跟着跑的人。管你是挂名的共产党也算，过去是国民党的也算，过去是真共产党变了的也算，总而言之你是掌大权。就是要发动群众来整我们这个党，整那个支部，那个公社党委。”“中心问题是整党，不整党没有希望。”

毛泽东又说：“不要提阶层，那个东西一提就吓倒人了。只提党、党委。省委也是党委，地委也是党委，县委也是党委，区委也是党委，公社党委也是党委，支部委员会也是个党委。”

刘少奇立即表示同意：“不提阶层，不提富裕农民阶层，特权阶层。就是有这么一些在农村里面掌权的人，反群众，剥削群众，压迫群众。”

接下去，大家分析这部分掌权人的情况以及对他们采取不同的处理办法。

……

这时，刘少奇再次把话题拉到主要矛盾问题上：“主要矛盾就是四清与四不清的矛盾，行不行?”陶铸立即表示：“赞成。”毛泽东说了一句：“不以人的意志为转移。”这句看来答非所问的话，实际上是表示不赞成。

大家就这个问题继续讨论着。毛泽东却接过刘澜涛关于农村坏干部情况分析的话，说：“这是对当权派的分析。”“杜甫有一首诗，其中有这么四句：‘挽弓当挽强，用箭当用长。射人先射马，擒贼先擒王。’这四句通俗明了，就是搞那个大的，大的倒了，那些狐狸慢慢清嘛，群众知道嘛。群众就怕搞不了大的。”他点了中央部门一位部长的名字，说把他擒下马来，然后加以改造，其办法就是让他去蹲点。他又重复地说：“一个省委，一个地委，一个县委，一个公社党委，一个支部委员会，抓住这个东西就有办法。”毛泽东始终盯住“当权派”这个问题，而不谈主要矛盾问题。

但是，刘少奇却急于想把主要矛盾问题明确下来，以肯定的口气说：“四清与四不清，这是主要的，当然还有其他的。”李葆华问了一句：“矛盾的性质是什么？”刘少奇答：“就是人民内部矛盾跟敌我矛盾交织在一起。”

毛泽东当即反问道：“什么性质？反社会主义就行了，还有什么性质？”

刘少奇：“总不是社会主义。”

毛泽东：“是资本主义性质。还加个封建主义、帝国主义？搞个资本主义就差不多了。我们搞了民主革命，就是为社会主义开辟了道路。”

随后，刘少奇又解释了一句，说：“政治、经济、思想、组织四不清，有人民内部矛盾，有敌我矛盾，问题的复杂性就在这里。”

接下来，双方没有再发生争执。然而，事情并没有完。

12 月 26 日，是毛泽东 71 岁生日。当晚，毛泽东在人民大会堂老北京厅请了一些人吃饭。名单是毛泽东亲自定的。

毛泽东一到场，就宣布说："今天不是请客，更不是祝寿，我拿自己的稿费请大家吃顿饭，也算是实行'四同'吧！"他接着说："不能光吃饭，还要讲讲话呀！有些人一摸到一点东西就翘尾巴，这不好。摸到一点不要翘，摸到两点三点也不要翘。""现在社会主义教育运动刚开始，有人翘了尾巴怎么样呢？我没有蹲点，没有发言权也要说，错了，大家批评。帝国主义、修正主义说我是教条主义，就算教条主义吧。教条主义什么时候变？一万年也变不了。我们写文章打仗，不会死人的。"

……

由中央工作会议到中央政治局常委扩大会议，毛泽东与刘少奇之间简直就是唇枪舌剑，各抒己见。尤其是在中央政治局常委扩大会议上，围绕着主要矛盾问题，毛泽东是步步紧逼，既发问又反问；刘少奇也不甘示弱，坚持"四清"与"四不清"就是主要矛盾。

到了这个份上，毛泽东已经不是简单地认为刘少奇是一般的工作中的不同认识问题了，而是认为刘少奇是不听指挥"翘尾巴"，是向修正主义方向发展的政治问题了。

所以，毛泽东接下来做了一件谁也没有预料到的举动：他要举着宪法和党的文件，为自己维权了。

这次中央工作会议的主要任务，是制定一个农村社会主义教育运动的文件。文件题为《农村社会主义教育运动中目前提出的一些问题》，共十七条。

12 月 27 日下午，毛泽东在人民大会堂河北厅主持全体会议，朱德、陈伯达、董必武、陆定一发言。陈伯达对文件作了一些说明。当陈伯达说到，国民党也说有党内外矛盾的交叉时，毛泽东说，我们这个党至少有两派，一个社会主义派，一个资本主义派。董必武发言说，文件规定县以上干部定期调换好。毛泽东说，现在15年了，成了独立王国，北京，我说的不是北京市委，就有两个独立王国，你们去猜，我不讲了。

12月28日下午，中央工作会议继续在人民大会堂河北厅开全体会议。毛泽东主持，罗瑞卿、陈毅、谢富治发言。

在开会前，毛泽东向身边工作人员要去两本书，《中国共产党第八次全国代表大会文件》和《中华人民共和国宪法》，带到了会场。当时谁也不知道他为什么要这两本书。在大会发言后，毛泽东讲话，主要就"十七条"中的第一条和第十六条发表意见。

文件的第一条"运动性质"，其中这样表述：

几种提法：(1) 四清和四不清的矛盾；(2) 党内外矛盾的交叉，或者是敌我矛盾和人民内部矛盾的交叉；(3) 社会主义和资本主义的矛盾。后一种提法较适当，概括了问题的性质。重点是整党内走资本主义道路的当权派。

这一条正是这次会议上毛泽东与刘少奇争论的焦点。毛泽东说：

这么规定可不可以？有三种提法，是前两种提法较好，还是第三种提法较好？我们常委会谈过，也跟几位地方的同志谈过，恐怕还是以第三种提法较好。因为我们这个运动，它的名称就叫做社会主义教育运动，不是叫做什么四清四不清教育运动，不是什么党内外矛盾交叉或者敌我矛盾和人民内部矛盾交叉的教育运动。

我们常委会觉得，大区同志也觉得，似乎你们也讨论了一下吧，小组也觉得，就是说，大家都觉得，第三条这样的提法比较妥当，社会主义和资本主义的矛盾是主要的矛盾，概括了问题的性质。重点是整党内那些走资本主义道路的当权派。

在刘少奇、周恩来、邓小平等对“十七条”提了一些具体意见后，毛泽东说：

我是没有话了。如果要还讲几句，就是请你们回去找党章看一下，宪法第三章也看一下，那是讲民主自由的。有一本书，叫《中国共产党第八次全国代表大会文件》，第一百页到一百零四页，你们去看一看。不要犯法呀，自己通过的，又不遵守。又有一本书，叫《中华人民共和国宪法》，第三章的第一条，这个条文叫第八十五条，中间讲到，“在法律上一律平等”。然后第八十七条讲到，“中华人民共和国公民有言论、出版、集会、结社、游行、示威的自由。”比如我们这些人算不算中华人民共和国的公民？如果算的话，那么有没有言论自由？准不准许我们和你们讲几句话？有没有出版自由？现在文化部它就只许那些人有出版自由。这个出版机关，我看得整顿一下，许多抓在坏人手里。集会自由，譬如我们现在这个河北厅不是在这里集合吗？这叫集会吧？不算呀？（周恩来答：算集会。）还有结社。现在我们要结社，就是要把那些四不清太严重的人弄出去，要结一个共产党。要把支部整顿好，把基层党委整顿好，把各级党委也整顿好。这叫结社。游行、示威，早几天我们不是在天安门搞过游行示威吗？那是反对美帝国主义侵略刚果。我是历来赞成对于我们官僚主义者举行示威的。

最后他问大家：“同志们有话没有？有话则长，无话则短。不要耽误你们的时间，我又变成个官僚主义。”

毛泽东的这段话言辞尖刻，出乎大家的意料，一时间会场上鸦雀无声。但他的锋芒所指，矛头所向，与会者是都明白的。

刘少奇也已经意识到了问题的严重性，他一改前几次会议上与毛泽东争论的做法，几乎很少说话了。

但是，毛泽东并没有就此罢休。1965年1月3日晚，毛泽东召开中央政治局常委扩大会议，继续批评刘少奇在指导“四清”运动中的一些做法。他说：

有同志提出打歼灭战，怎么打？集中了一万五千人，搞一个小县，二十八万人口，搞了几个月还搞不开。学习文件四十天，不进村。我看是搞了繁琐哲学。我不赞成这种学习，到农村去可以学嘛。

我跟前的一个警卫员写信来说，学了四十天文件，根本没有学懂。下去两个礼拜之后，才弄清了一些问题。听说还有好多怕，怕扎错根子，怕住错人家，怕干部捣鬼。怕这个，怕那个，那怎么行？

你一个新城县，二十八万人口，下去一万五千人，还说人少了。哪里来这么多的人？哪里要这么多的人？我看是人多了。你只依靠工作队，为什么不依靠那个县的二十几万人？比如二十八个人中有一两个是坏的，还有二十六七个是好的嘛。为什么不依靠这些人？如果依靠好了，我看十几个人就行了。可能十几个人不行，但我们革命从来不是这么革的。你一万五千人扎根串连，什么扎根串连！冷冷清清。

1月5日下午，毛泽东再次在中央政治局常委扩大会议继续批评刘少奇。虽然仍然没有点刘少奇的名，但对于“桃园经验”，则是点了王光美的名字予以否定。他说：

我听说有六怕，一怕扎错根，二怕沾干部等，所有的怕，都是怕右倾来的。怕右倾成为一种框框。还是江苏那句话，有啥反啥，有多少反多少，有右反右，有“左”反“左”。现在的问题是工作队的人数很多，按兵不动，人海战术。

现在，有些人好像马克思主义都是对别人的，对自己就一点马克思主义都没有了。完全否定一切，不是一片漆黑嘛！干部贪污几十元、百把元、几百元的还是多数嘛，千元以上的不多嘛。有百分之七八十是好的，是可以争取的。王光美去的那个大队，我数来数去，贪污上千元的只有四个人，没有第五个人嘛！

毛泽东的批评越来越严厉，刘少奇对自己的做法也越来越否定。1月13日下午，刘少奇召集了一个党内生活会，周恩来、邓小平、彭真、贺龙、陈毅、罗瑞卿、陈伯达、李井泉、李雪峰、刘澜涛、宋任穷、谢富治、王任重、魏文伯、李葆华、谭启龙16人参加。刘少奇在会上做了自我批评，也诚恳地征求大家的意见，希望大家给予帮助。

在中央工作会议期间，朱德、贺龙等人曾找过刘少奇，希望他顾全大局，要谨慎，要尊重毛泽东。会议结束后，刘少奇主动找毛泽东谈话，作了自我批评。

1月14日，《农村社会主义教育运动中目前提出的一些问题》（即“二十三条”）最后定稿。当天下午，毛泽东在人民大会堂福建厅主持召开了中央工作会议最后一次会议，并讲话说：

文件定了，那就无事了嘛，会就可以散了。开了一个月，反复了一次。我放了一些炮，现在问题也解决了。党内搞社会主义没有经验，我也没有呀。现在这些经验（指“二十三条”）还不是大家创造的吗？很集中地反映到中央。

然而，后来的事实证明，文件“二十三条”确实是定了，但在文件制定过程中毛泽东与刘少奇产生的矛盾和分歧却没有像毛泽东所讲的那样“就无事了”，而是产生了重大影响。它导致的直接后果就是毛泽东对刘少奇失去了信任，决心“把刘少奇这个人从政治上搞掉”。

一场悲剧的发生，已经不可避免了。

下篇

结论

看完《中篇》的调查，相信读者们已经清楚，流传甚广的“查档事件”虽不能说是空穴来风，一点由头都没有，它的起因与东北局在1952年开展的清理敌伪档案工作（简称“清档工作”）有一定的“关联”，但是，所谓的“关联”也只是人为的误判，“查档事件”与“清档工作”实际上并无关系，只是由于一些人的误传和后人的加工创作，才逐步将一件正常的工作演变成为中国共产党高层的一场“阴谋”，从而制造了一起“张冠刘戴”的乌龙事件。

一、所谓的“查档事件”是一起“张冠刘戴”的乌龙事件

历史是客观存在，已经发生的历史事件不会因为后人的好恶而发生改变。但客观的历史却也不乏让人啼笑皆非的巧合，所谓的“查档事件”这起“张冠刘戴”的乌龙事件，还真就是由名为张冠的人所引起。

1. 东北局 1952 年开展的清档工作与“查档事件”并无关联

1952 年上半年（确切时间应在 7 月之前），中组部怀疑中国驻苏大使馆参赞张冠历史上有问题，便将其调回，交由东北局查清此事。

具体负责此项工作的是东北局组织部干部处处长李正亭。

在审查张冠历史问题的过程中，发现了很多有关干部历史问题的档案材料和有关满洲党史的资料。因此，李正亭向时任东北局组织部副部长的郭峰建议将这一工作范围扩大，增调人

力来查。

郭峰同意了李正亭的意见，并向时任东北局第二副书记兼组织部部长的张秀山做了汇报。然后，组织了一个班子，开始了"清档工作"。

"清档工作"由郭峰领导，李正亭具体负责，下设两个组。东北局纪委的副处长李纯六负责一个组，东北局组织部干部处科长刘华负责另一个组。

"清档工作"大约于1953年5月结束。结束的原因，一是由于当时审查张冠的任务已经完成；二是收集有关干部历史问题敌伪档案材料也差不多了。当时在沈阳、哈尔滨、大连、长春以及抚顺、丹东、锦州、吉林都进行了工作，能查找的地方基本都查找了；三是当时由各省市委组织部调到东北局组织部来搞这项工作的同志因为离开原单位太久，也要求回去；四是东北局组织部特别是干部处要准备当年中央召开的组织会议的材料，感到力量顾不来，因而决定结束。

"清档工作"的结果，是编辑成册了两部分材料。一部分是关于满洲党史资料汇编，另一部分是有关干部历史问题敌伪档案材料汇编。

关于满洲党史资料汇编主要是由李纯六负责编辑的，共装订了十几套。

关于干部历史问题敌伪档案材料汇编，是由东北局组织部干部处汇编成册的。这部分材料是按人、按案件整理、打印编辑的材料。在整理过程中，凡涉及属于省市委管的干部均把每个干部的单项材料或专案材料转给有关省市委，东北区、外省的，转到中央组织部，东北局管的干部留东北局组织部。

从东北局清理敌伪档案工作的简要回顾中可以看出，这次“清档工作”原因清晰，时间较长，参加人很多，涉及范围很广，完全是公开进行的一次正常工作，与后来被称为“绝密任务”的“查档事件”并无关联。

2. 李力群和赵家梁只是这起“查档事件”的听说者并非当事人

所谓的“查档事件”之所以流传，主要有两个渠道：一是高岗妻子李力群和高岗秘书赵家梁的叙述，另一个是署名张秀山的《我的八十五年》一书中的表述。

李力群是从20世纪90年代起，开始同曾任东北局第三副书记的张明远女儿张晓霁以及赵家梁等人在谈论高饶事件时提到“查档事件”的。不过，据李力群自己讲，所谓的“查档事件”她只是后来听高岗说的，她并不是这起“查档事件”的当事人。而且在她向张秀山询问是否有此事时，张秀山也是未置可否，只是告诫她不要乱讲。

赵家梁关于“查档事件”的叙述不同于李力群的口头表述，他既在自己撰写的《高岗在北京》一书中有详细的描述，又在不同场合接受过不同人的访谈，有的访谈还在正式出版的刊物中公开发表。

但是，赵家梁关于“查档事件”的叙述虽然不乏细节描述，但他在不同时间、不同场合关于“查档事件”的叙述却有着明显的漏洞。例如：他有时说，“高岗接到毛主席的查档指示后，是让组织部的人去查的。郭峰是布置这件事的主要领导人”；有时又说，“毛泽东交给高岗的这个绝密任务是命他亲自去查阅东北的敌伪档案，高岗把查敌档的事交给张秀山去办"。

赵家梁关于"查档事件"的叙述之所以出现混乱，源于他也不是"查档事件"的当事人，他也只是一名"听说"者。至于他是如自己所言"听高岗说的"，还是在与李力群的交谈中相互听说的，虽然已经无从考察，但赵家梁并非当事人的身份是确凿无疑的。

3.《我的八十五年》关于"查档事件"的叙述前后矛盾

张秀山曾任东北局组织部部长、第二副书记，他关于"查档事件"的叙述确很重要。

但是，张秀山在世时亲口叙述的《我的回忆》，虽然比较详细地讲述了东北局高干会议召开的情况，其中还有很多比较敏感的评述，如：东北局不存在"五虎上将"，对这些同志的处理是"很不公正的"；"高岗在东北并没有提出一条自己的路线"，他"实际上是在和刘少奇争夺毛主席接班人的位置"。但是，《我的回忆》中并没有张秀山与罗瑞卿之间的对话，更是只字未提"查档事件"。

张秀山于1996年8月逝世后，他的儿女们开始根据仅有9万字的《我的回忆》来加工整理《张秀山回忆录》。

张秀山的儿女们整理的《张秀山回忆录》于2002年成稿时书名为《尘封的历史》。《尘封的历史》中虽然不同于《我的回忆》，出现了关于"查档事件"的描述，但与2007年正式出版的《我的八十五年》一书中的相关叙述却有着非常大的不同。

《尘封的历史》中写道：

查档这件事"我是布置给郭峰去办的，我要求郭峰要严格保密，查阅的对象不要做特别限定，避免给人留下是专门查看某个人的印象。查看后的情况，要严加保密。郭峰也是这样去办的。”

但是，在《我的八十五年》一书中却与此相反，出现了这样的描述：

这件事即使是后来任组织部长的郭峰，和具体承办这项工作的同志也不知道查阅敌伪档案的目的。

而且，在《尘封的历史》中干脆就没有提到的“高岗秘书”之事，在《我的八十五年》中却被特意强调：

说这事时高岗的秘书在场。

同一部书稿，在前后不同的写作阶段，出现如此重大的实际上是截然相反的两种史实表述，根本原因在于张秀山的儿女们不是一般地“整理”张秀山回忆录，而是在张秀山去世后“加工”“创作”张秀山回忆录。“整理”的结果不仅仅是 9 万字的《我的回忆》变成了 42.6 万字的《我的八十五年》，其中的很多内容已经不同于张秀山本人的回忆。这也正是《我的八十五年》中关于“查档事件”叙述出现混乱的原因所在。

4. 负责东北局“清档工作”的郭峰明确表态他从未听说有人布置查刘少奇档案

曾经负责东北局“清档工作”的原东北局组织部副部长郭峰，是 2005 年去世的。郭峰去世前，所谓的“查档事件”已经流传。当时作为健在的“清档工作”当事人，他的态度和叙述至关重要。

对于所谓的“查档事件”，郭峰的观点可以概括为三个方面：

第一，他不同意《尘封的历史》中对"查档事件"的描述。他认为《尘封的历史》一书中关于"查档这件事是张秀山布置给郭峰去办的"等叙述是虚构的。也正是因为他的反对，张秀山的儿女们才在正式出版的《我的八十五年》一书中对"查档事件"有关描述，做了与《尘封的历史》中完全不同的表述。

第二，他回忆东北局在1952年确实进行过一次清理敌伪档案的工作。但这项工作的起因，是中组部指示审查中国驻苏大使馆参赞张冠的历史问题，与所谓的"查档事件"并无关联。

第三，他明确表态，他从未听说毛主席有指示要查刘少奇的问题，也没有听高岗、张秀山提到过这件事。而且他还认为，即使毛主席告诉了高岗，高岗又布置给张秀山个别进行，他管干部也总能有点了解。

郭峰关于"查档事件"的上述意见，虽然是他在2000年前后表述的，但他写于"文化大革命"期间的交代材料可以证实他后来所谈所讲是真实可信的。

郭峰于1968年2月13日亲笔写的《关于清理敌伪档案问题》的原始材料，详细地叙述了1952年东北局清理敌伪档案的由来。他在这份难得保存下来的交代材料中明确提出：

清理敌伪档案问题提出，是中央组织部指示审查张冠问题。

当时在这个工作上完全没有想去搞刘少奇什么问题。

把郭峰这份交代材料放到"文化大革命"期间复杂的历史背景中去考察，就会更加看出东北局当年的"清档工作"与后来流传的“查档事件”并无关系。

5. 把“刘少猷”与“刘少奇”当作一个人虽是工作失误但也为后来引发“查档事件”留下了隐患

虽然参加东北局“清档工作”的李纯六生活作风上有些毛病，但实事求是讲，李纯六在“清档工作”中认为“刘少猷”与“刘少奇”是一个人，主要还是工作中的失误和判断上的失察。

然而，无巧不成书。李纯六的这一个人失误与后来发生的党内政治风波联系到了一起，一件普通的工作失误就上升到了复杂的政治高度，也成了引发“查档事件”流传的原因之一。

1954年高饶事件发生后，李纯六揭发说：

高岗要查刘少奇在满洲省委档案，让郭峰、张秀山布置查，而且要把刘少猷与刘少奇弄成一个人，给刘少奇栽赃。

虽然李纯六在高饶事件发生后为了积极揭发高岗的问题，倒打一耙，认为“高岗要把刘少猷与刘少奇弄成一个人，要给刘少奇栽赃”。但1957年反右运动发生后，李纯六却因为“在1952年和53年审查东北地下党和抗联干部历史中，对1934年满洲省委评论有问题，‘诬蔑刘少奇，诽谤满洲省委’”，而被辽宁省委开除了党籍，下放劳动。

“文化大革命”爆发后，李纯六又跳出来揭发说：

当年我要查刘少奇档案，郭峰不让查。

李纯六的出尔反尔固然也有其个人品格上的因素，但人性在运动中是会被扭曲的，在政治风浪的拍打下个人的意志是很容易随波逐流的。因此，关于“查档事件”的流传，李纯六的个人责任是不值得深究的。

但是，从调查“查档事件”的角度而言，又非常有必要指出，正是当时在清理敌伪档案时李纯六误把刘少猷当成了刘少奇，才为后来“查档事件”的流传留下了隐患。因为虽然李纯六从未说过高岗查刘少奇档案的背后有毛泽东的因素，但后来的传播者们却是或是有意或是无意地在他的工作失误和判断失察的基础之上，逐步演化成了这起流传甚广的“查档事件”。

二、新中国成立初期毛泽东既无动机查刘少奇档案也无理由交代高岗办理此事

《高岗秘书谈“高岗事件”》一文中有个很重要的观点：

毛想把刘拿下来不是1964年，也不是1962年，而是1953年。

主要理由，就是“毛让高查敌伪档案”。

然而，了解了“查档事件”的来龙去脉，人们自然会提出这样的疑问：即使“查档事件”如《杨文》所说确有其事，所谓的“毛泽东让高岗查刘少奇档案”也是在1952年上半年。既然“毛想把刘拿下来不是1964年，也不是1962年，而是1953年”，为什么毛泽东在还没有“想把刘少奇拿下来之前”的1952年上半年就派人去查刘少奇的档案？

而且，党的一把手查二把手的档案这么大的事，毛泽东为什么让高岗去干？此时的毛泽东和高岗是什么关系？

任何主观猜测都难免留下史实上的混乱，《杨文》就是既

提出了上述观点也同时说出了否定此观点的论据。因为《杨文》中在讲到毛泽东与高岗的关系时这样写道：

从 1937 年到 1945 年在陕北，从 1945 年 10 月到 1952 年 10 月在东北，高岗做了工作，这是客观事实。从 1952 年 10 月到 1953 年 6 月，高岗受到器重，受到信任，也是客观事实。

毛和高岗的关系自高 1953 年进京以后由信任到采取行动端掉他，这是一年多的过程。

既然“毛想把刘拿下来是 1953 年”，而高岗受到毛泽东的器重又是“自高 1953 年进京以后”。那么，毛泽东在高岗尚未进京的 1952 年上半年，在还没有“想把刘少奇拿下来之前”，有什么理由派高岗去查刘少奇档案呢？

1. 刘少奇是毛泽东亲自培养并委以重任的党内二把手

说起毛泽东与刘少奇，二人之间有着太多的话题。

作为长期担任中国共产党一把手和二把手的毛泽东与刘少奇，也许纯粹是一种巧合，也许是一种天然的联系，二人的出生地湖南的韶山冲和炭子冲，竟然相距不过 30 公里。虽然诞生于 1898 年 11 月的刘少奇比毛泽东小 5 岁，但二人都出生于农家，启蒙于私塾，求学于长沙。只是在是否出国留学的选择中二人出现了较大的分野：刘少奇于 1921 年赴苏俄留学，毛泽东则在 1919 年在是去法国留学还是留在国内的抉择中，不同流俗地选择了留在国内。

刘少奇的留学经历并不长，只有一年。当他于 1922 年中共二大召开前夕由莫斯科回到上海时，参加了中国共产党创建的毛泽东已经是“中国劳动组合书记部”湖南分部的主任，正在领导湖南的工人运动走向高潮。刘少奇于同年 7 月被中央派回湖南参加中共湘区委员会的领导工作时，中国共产党湘区执行委员会的书记正是毛泽东。

从这个意义上也可以说，毛泽东与刘少奇自从二人谋面起，前者就是后者的上级。虽然后来二人的工作岗位不断变化，而且刘少奇在1927年5月召开的中共五大上还当选为中央委员，毛泽东在这次代表大会仅当选为候补委员，但那时个人在党内的职务与“左”右倾路线对党中央的影响程度密切相关，谁上谁下并不新鲜。但自从1935年遵义会议在实际上确立了毛泽东在全党的领导地位后，刘少奇作为毛泽东部下的地位就再也没有改变，并逐渐成长为以毛泽东为核心的第一代中央领导集体的重要成员。在1943年3月的中央政治局会议上，毛泽东、刘少奇、任弼时组成了新的中央书记处，毛泽东正式担任了中央政治局主席和书记处主席，刘少奇则担任了中央书记处书记和军委副主席，成为党内权力仅次于毛泽东的二把手。

在中国共产党的发展走向成熟的重要历史关头，毛泽东选择刘少奇作为自己的助手，既有刘少奇资历深、能力强的自身因素，也有毛泽东对刘少奇比较了解、充分信任的主观因素，当然，更有事业发展所需的客观因素。因此，经过延安整风的实践考验，由毛泽东主导的在党的六届七中全会上通过的《关于若干历史问题的决议》，做出了这样一种非同小可的历史性评价：

毛泽东同志关于中国革命的理论和实践是马克思列宁主义的普遍真理和中国革命的具体实践相结合的代表。

刘少奇同志所主张的一系列方针表明他是这个时期正确路

线在白区工作中的代表。①

刘少奇升任党的二把手后，果然如毛泽东所期望的那样，在各条战线上都展示了高超的领导能力。无论是开创华北敌后根据地，发展华中抗日斗争新局面，还是全面系统地论述毛泽东思想，乃至领导土地改革，主持中央工作，都出色地完成了毛泽东交给的任务，不但更加赢得了毛泽东的信任，也得到了全党绝大多数人的认可。

新中国成立后，中国共产党由革命党转变成了执政党，恢复国民经济开展经济建设，成为党的中心工作。在这样一个大的背景下，枪杆子必然要让位于笔杆子，有理论、懂经济的刘少奇，当然就有了更大的展示舞台，也必然会得到更多人的信赖。

1948年11月24日，是刘少奇的50岁生日。在为其祝寿的晚会上，德高望重的朱德总司令为其所写的这首五言诗，比较典型地反映出了刘少奇当时在党内的地位：

少奇老亦奇，天命早已知。
幼年学马列，辩证启新思。
献身于革命，群运见英姿。
人山人海里，从容作导师。
真理寻求得，平生能坚持。
为民作勤务，劳怨均不辞。
党中作领袖，大公而无私。

---

① 《关于若干历史问题的决议》中的原话：“中国共产党自1921年产生以来，就以马克思列宁主义的普遍真理和中国革命的具体实践相结合为自己一切工作的方针，毛泽东同志关于中国革命的理论和实践便是此种结合的代表。”“至于这个时期的城市群众工作，则应如正确路线在白区工作中的代表刘少奇同志所主张的……”

群众欣爱戴，须臾不可离。

修养称楷模，党员作范仪。

今年虽半百，胜利已可期。

再活五十年，亲奠共产基。[①]

以朱老总的威望，都称刘少奇为“导师”“领袖”“楷模”，其他人对刘少奇的尊崇自然可想而知。因此，新中国成立时作为中共中央书记处书记的刘少奇又被任命为中央人民政府副主席、中国人民军事委员会副主席，成为肩负着党、政、军领导重任的仅次于毛泽东的重要领袖，也就不足为奇了。

而且，刘少奇还不仅仅是毛泽东的助手，有时他还要暂替毛泽东代行党和国家最高职务的职责。1949 年 11 月 25 日召开的中共中央政治局会议就这样决定：

毛泽东定于十二月初访问苏联，在毛泽东出国期间，中共中央委员会主席及中央人民政府主席由刘少奇代理。[②]

毛泽东的这次出访长达近 3 个月，出国的时间是 1949 年 12 月 6 日，回国到达沈阳的时间已经是 1951 年 3 月 3 日。如果没有对刘少奇的高度信任，毛泽东怎能作出如此安排？

2. 新中国成立后毛泽东与刘少奇虽有一些认识分歧但那只是工作中的问题

把中国革命划分成新民主主义革命和社会主义革命两个阶段，是以毛泽东为代表的中国共产党人的一大创造，也是中国

① 朱德：《贺少奇五十寿于西柏坡》，转引自《刘少奇传》下，中央文献出版社 1998 年版，第 619 页。

② 中共中央文献研究室：《毛泽东年谱》（1949—1976）第 1 卷，中央文献出版社 1993 年版，第 49 页。

革命不同于其他国家革命进程的重要特征。按照毛泽东本人1940年撰写的《新民主主义论》中的论述，中国革命的第一步，是改变半殖民地半封建的社会形态，建立以无产阶级为领导的各个革命阶级联合专政的新民主主义社会，为社会主义的发展扫清更广大的道路。第二步，使革命向前发展，建立一个社会主义的社会。毛泽东还特别强调，两个革命阶段既要分清，不能"毕其功于一役"；两个革命阶段又必须衔接，第一步为第二步准备条件，不容横插一个资产阶级专政的阶段。

毛泽东的这个可以称之为"天才"的理论创造和战略设想，在新中国成立前夕召开的党的七届二中全会上得到了全党的一致认同。也就是说，新中国的发展必然是要从新民主主义走向社会主义，并无任何疑义。

但是，从何时"走向"？如何"走向"？新民主主义社会的寿命究竟有多长？这是一个在毛泽东的著作和党的决议中都没有明确表述的重大问题。

在1952年9月24日召开的中共中央书记处会议上，毛泽东出人意料地提出了现在就要向社会主义过渡的问题。他说：

十年到十五年基本上完成社会主义，不是十年以后才过渡到社会主义。二中全会提出限制和反限制，现在这个内容就更丰富了。工业，私营占百分之三十二点七，国营占百分之六十七点三，是三七开；商业零售是倒四六开。再发展五年比例会更小（资小我大），但绝对数字（指资）仍会有些发展，这还不是社会主义。五年以后如此，十年以后会怎么样，十五年以后会怎么样，要想一想。①

① 中共中央文献研究室：《毛泽东传》（1949—1976）上，中央文献出版社2003年版，第236页。

毛泽东的意思很明白，既然不是“十年以后才过渡到社会主义”，那就是从现在开始就要向社会主义过渡了。

但是，虽然毛泽东讲的很清楚，可绝大多数与会者对此并无思想准备，尤其是在此之前主张“巩固新民主主义秩序”的刘少奇。

1949 年 3 月党的七届二中全会后，刘少奇受党中央委托，于 4 月 10 日来到天津，着重调查解决如何尽快恢复和发展城市生产问题。

4 月 24 日、28 日和 5 月 2 日，刘少奇先后在天津市干部大会、天津市职工代表大会和天津市工商业家座谈会上作报告。在这些报告中，刘少奇集中阐述了如何看待资本主义剥削的问题。刘少奇强调的基本思想，是“在目前中国条件之下，私人资本主义的剥削有若干发展是进步的”。

既然“在目前中国条件之下，私人资本主义的剥削有若干发展是进步的”，“巩固新民主主义秩序”，就成为题中应有之义了。

1951 年 3 月 28 日至 4 月 9 日，中共中央在北京召开了第一次全国组织工作会议。在 3 月 28 日的开幕式上，刘少奇作了大会主题报告。在这个报告中，刘少奇提出了“共产党员标准的八项条件”，其中的第二条是：

中国共产党的最终目的，是要在中国实现共产主义制度。它现在为巩固新民主主义制度而斗争，在将来要为转变到社会主义制度而斗争，最后要为实现共产主义制度而斗争。（新民主主义、社会主义与共产主义制度的要点另外说明。新民主主义革命一般地不破坏私有财产的制度，但社会主义就首先要在工业中然后要在农业中破坏私有制。在农业中组织集体农场，这时，只能依靠工人及贫雇农，不能依靠一般农民，只是团结农民。）一切党员必须具有为党的这些目的而坚持奋斗的决心。①

1951年7月5日，刘少奇在中南海春耦斋，对马列学院第一班学员，发表了著名的《春耦斋讲话》。

在《春耦斋讲话》中，刘少奇不但反复强调新民主主义阶段和进入社会主义的区别，主张没准备好就不要急于搞，他还专门批判了中共山西省委所代表的“破坏私有财产”的“左”倾倾向。

1951年4月17日，中共山西省委向中共中央华北局写了一份题为《把老区的互助组织提高一步》的报告。报告认为：“随着农村经济的恢复与发展，农民自发力量是发展了的，它不是向我们所要求的现代化和集体化的方向发展，而是向着富农的方向发展。这就是互助组发生涣散现象的最根本的原因。当然这也不是说，目前已经发展了多少富农，而是说富农方向已经是农民自发的一个趋势”。因此，“必须在互助组织内部，扶植与增强新的因素，以逐步战胜农民自发的趋势，积极地稳健地提高农业生产互助组织，引导它走向更高级一些的形式”。而“把‘公共积累’和‘按劳分配’这两个进步的因素，在互助组织逐步地增强，它将使老区互助组织大大地前进一步。”“对于私有基础，不应该是巩固的方针，而应当是逐步地动摇它、削弱它，直至否定它。”②

然而，作为山西省委上级的华北局并不同意山西省委的意

① 《刘少奇选集》下卷，人民出版社1985年版，第62页。

② 《刘少奇论新中国经济建设》，中央文献出版社1993年版，第195—196页。

见。5 月 4 日，华北局批复山西省委的报告并报中央，明确提出：

你们提出用积累公积金和按劳分配办法来逐渐动摇、削弱私有基础直至否定私有基础是和党的新民主主义时期的政策及共同纲领的精神不相符合的，因而是错误的。①

接到华北局批转山西省委的报告后，刘少奇又听取了华北局负责人薄一波、刘澜涛等有关同志的情况汇报，于 7 月 3 日对山西省委《把老区的互助组织提高一步》的报告作了如下批语：

在土地改革以后的农村中，在经济发展中，农民的自发势力和阶级分化已开始表现出来了。党内已经有一些同志对这种自发势力和阶级分化表示害怕，并且企图去加以阻止或避免。他们幻想用劳动互助组和供销合作社的办法去达到阻止或避免此种趋势的目的。已有人提出了这样的意见：应该逐步地动摇、削弱直至否定私有基础，把农业生产互助组织提高到农业生产合作社，以此作为新的因素，去“战胜农民的自发因素”。这是一种错误的、危险的、空想的农业社会主义思想。山西省委的这个文件，就是表现这种思想的一个例子，特印发给各负责同志一阅。②

7 月 5 日，刘少奇在《春耦斋讲话》中又对山西省委报告中的观点进行了批评。

但是，毛泽东并不同意刘少奇的意见。7 月 25 日，华北局向中央呈送经刘少奇修改过的《关于华北局农村互助合作会议

① 《刘少奇论新中国经济建设》，中央文献出版社 1993 年版，第 192、193 页。

② 《刘少奇论新中国经济建设》，中央文献出版社 1993 年版，第 193 页。

的报告》。

据薄一波回忆：

“随后，毛主席找少奇同志、刘澜涛同志和我谈话，明确表示他不能支持我们，而支持山西省委的意见”。“他讲的道理把我们说服了”，“少奇同志还通过范若愚同志向马列学院一班学员收回7月5日下午在春耦斋发给他们的材料。这场争论就这样结束了”。①

由此可见，虽然在关于何时、如何向社会主义过渡的问题上，刘少奇与毛泽东曾经有过不同的想法和各自的表述，但是，一旦毛泽东表明自己的态度，刘少奇很快就放弃了自己的意见。因为这种认识上的分歧只是工作中的问题，与所谓的“品德”问题，风马牛不相及。

1954年2月10日，刘少奇在党的七届四中全会上曾经回忆过这段争论，他在大会上公开说：

在土地改革完成以后，要对我国农业实行社会主义改造，要实行农业集体化，对于这个基本方向，我是没有怀疑过的。因此，我主张向农民宣传社会主义，要经常地向农民说明，仅仅实行土地改革还不能最后地解放农民，只有实行社会主义才能使农民最后地获得解放，免于贫困并富裕起来。在目前要广泛地发展劳动互助组和供销合作社，要限制富农经济，对于这些，我的观点都是明确的。但是，我有过一种想法，就是我以为还要等一个时候才能在我国农村中大量地、普遍地组织农业生产合作社和集体农场，而没有想到立即就可以大量地组织半社会主义的农业生产合作社，并由此发展到完全社会主义的农

① 薄一波：《若干重大决策与事件的回顾》上卷，中共中央党校出版社1991年版，第191页。

业生产合作社即集体农场。同时，在目前的劳动互助组与将来的集体农场之间没有抓住以土地入股的半社会主义的农业生产合作社这个组织形式，作为由互助组过渡到集体农场的十分重要的中间过渡形式，因而，就以为互助组不能过渡到集体农场，而把二者看成在组织上是没有多少联系的两回事。

在1951年秋，中央讨论农业生产互助合作问题后，由于毛泽东同志的指示得到了纠正，我也就抛弃了这种想法。

刘少奇是在1951年秋就抛弃了自己观点的，所谓的“查档事件”此时并未开展。何况毛泽东与刘少奇关于农业互助合作的分歧只是工作中的不同认识，与所谓的“党内斗争”毫无关系，毛泽东怎么会由此引发对刘少奇品质的怀疑，进而去查刘少奇的档案呢？

3. 高岗进京前与毛泽东只是工作关系并无特殊往来

关于“毛泽东让高岗查刘少奇档案”的传说有个前提，就是毛泽东之所以把这么重大且高度敏感的任务交给高岗，是因为毛泽东与高岗关系非同一般。一个主要证据，就是新中国成立时，高岗成了6位国家副主席中的一员。

实事求是说，新中国成立时高岗能够当选为中华人民共和国中央人民政府副主席，确实出乎很多人的意料，至今还使一些人难以理解。再看看其他副主席人选，人们更觉其中必有玄妙。

毛泽东当选为国家主席，是全国人民的共同心愿，是历史发展的必然，自不必说。在6位副主席中，共产党3人，民主人士3人，比例对称，无可挑剔。但是，为什么共产党仅有的3个副主席名额中，高岗就能当选？朱德总司令是中国人民解放军的三军统帅，德高望重，众望所归，无人能比。刘少奇是延安整风后党内升起的新星，是中国共产党内仅次于毛泽东的二号人物，他出任副主席也是顺理成章，毫无疑义。但高岗仅仅是区域代表，应属“地方干部”，他为何也能担任国家副主席？

凡是存在的，自然是有缘由的。高岗担任国家副主席，并非是因为他与毛泽东有什么特殊关系，而是因为当时高岗既是西北革命根据地的代表，又是东北大区的领导。而西北和东北，对于中国革命的历史进程和新中国的经济建设都具有特殊的意义。

中国革命起家于南方，扎寨于北方。之所以从南到北，经历了曲折、漫长、艰险的二万五千里长征，而且在残酷的征程中几乎全军覆没，并不是因为南方不好，人民不拥护，在那里闹不起革命，而是由于“左”倾错误路线在党内占据了统治地位，使革命力量遭受了重大损失，在南方已经无法继续进行革命。长征是一场伟大的战略转移，但它的起点确是无奈之举。在南方丢掉了家，才需要到北方去重新安家。而之所以能够在陕北安下家，西北革命根据地的坚持和发展功不可没。

西北革命根据地也称陕甘革命根据地，它是土地革命战争后期全国唯一一块没有丢失的革命根据地。它不但为红军主力长征提供了“落脚点”，还为红军主力改编为八路军、挺进抗日前线提供了“出发点”。

回首西北革命根据地创建发展的历程便可知，西北红军和根据地的主要创立者是刘志丹和谢子长，其次是高岗、习仲勋、阎红彦、王泰吉、杨森等人。但资历与威望均高于高岗的谢子长与刘志丹分别于 1935 年 2 月和 1936 年 4 月英年早逝，同于高岗的阎红彦、王泰吉、杨森又非亡即走。曾任红二十六军四十二师师长的王泰吉是渭华起义的领导人之一。他于1933年7月率领骑兵团近两千人在耀县起义，对壮大西北红军和发展陕甘边苏区作出了重大贡献。但他于1934年1月去豫陕边做兵运工作时被旧友出卖，英勇就义；曾任红二十六军四十二师政委、师长的杨森，在红十五军团组建后任红二十六军四十二师改编的七十八师师长。但在1936年的东征战役中，时任红三十军参谋长的杨森不幸在奉命掩护东征主力回师陕北的战斗中壮烈牺牲；阎红彦1925年即加入中国共产党，是西北红军和根据地的创建人之一，曾任陕甘游击队总指挥。但他于1933年初因“左”倾错误的排挤，被迫离开陕甘游击队到上海中央局“受训”，后被派往河北工作，1934年10月又到苏联，一直到中央红军到达陕北后他才回到陕北。

这样一种谁也无法预料的复杂局面，历史地将高岗这位幸存者推到了台前，使其成了西北根据地的代表。

在中国共产党第七次代表大会上，毛泽东在口头政治报告讲到如何公正地对待西北根据地的同志时曾说：

“我初到陕北，开头忽视了这个问题。这个边区是高岗同志他们一手搞起来的，因为我对这个问题处理不好，所以陕北人就讲闲话。有人说，陕北人只能建立苏区，不能当红军。出了这样的言论，是由于对本地一些军队处理不好。”“上面那些话，证明这些同志是受了气的。”“你走的路多，但是你失去了根据地，江西根据地现在就没有了；人家没有走路，但是陕北还是一个根据地。”

高岗等人搞起了西北根据地，西北根据地又成为中国革命的“两点”，而以毛泽东为首的党中央又认这个账，并因此给予了高岗特殊的关照，这正是高岗能够逐步升迁的重要原因。

中国革命不但起家于南方，扎营于北方，而且最后的进程是从北向南，又打回了南方。高岗的高升还不仅仅在于他踩到了中国革命的"两点"上，还在于他又踩到了东北根据地这个"决定全国解放战争命运的关键点"和"全国工业化的出发点"上。

抗日战争胜利以后，身为中共中央政治局委员的高岗于1945年10月离开延安奔赴东北。他先任北满军区司令员，后于1946年6月任中共中央东北局副书记，再于1949年3月任东北局书记，并相继兼任了东北人民政府主席、东北军区司令员兼政委等职务，集东北的党、政、军大权于一身，成为名副其实的"东北王"。

东北解放区不但是解放全国的战略后方，还是全国恢复经济建设的装备基地，是"全国工业化的出发点或重大基地"。按照高岗自己的说法，"我们在东北工作的同志工作好坏如何，不但直接影响东北的人民，而且还将影响到全国。""也正是由于这样的情形，毛泽东和我们的党中央经常指示我们，要我们好好的努力把东北建设为全国工业化的出发点或重大基地。"①

作为这样一个在两个特殊地区工作的负责人得到特殊安排，也就不足为奇了。

由此可见，高岗在新中国成立时被安排到国家副主席的高位，并非因为他与毛泽东有什么特殊的关系。而且在高岗未进京之前，他虽然是国家副主席，但他也是唯一一位不在北京的副主席。换句话说，身为国家副主席的高岗主要职责还是负责

---

① 高岗1950年3月13日在中国共产党东北区第一次代表大会上的报告。

东北，他还是一位“地方干部”，他与党的最高领导人毛泽东之间也并无特殊的往来。

至于高岗于1952年10月进京后与毛泽东的关系是否亲密，与本文所调查的“查档事件”已经无关了。

三、一些人把“查档事件”作为攻击毛泽东“分裂党”的注脚

近年来，所谓的“查档事件”之所以备受关注，一方面，是因为有些学者未对高饶事件进行深入研究，看到《我的八十五年》等书中抛出了“查档事件”，就以为发现了重新评价高饶事件的“新大陆”，并以此为据认为高饶事件是中共党内的“权力争斗”。另一方面，是有些人“醉翁之意不在酒”，他们力图把这起“查档事件”作为攻击毛泽东一直在搞“权谋”的注脚。如《高岗秘书谈“高岗事件”》一文就直言不讳地说：

如果高岗把毛的私房话都端出来，那毛不就成了分裂党、成了反党？

因此，调查这起所谓的“查档事件”，就不能不对高饶事件的不同解读做出实事求是的评述。

1. 关于高饶事件的不同解读

高饶事件发生在1953年，结论在1955年，热议在改革开

放后。

从1955年3月召开的中国共产党全国代表会议作出《关于高岗、饶漱石反党联盟的决议》之后，一直到改革开放之前，没有对高饶事件的公开探讨。

改革开放后关于高饶事件的评述，主要有以下四种情况：

第一种情况：高饶事件的知情者对高饶事件的回忆与研究。

这里又有两种情况：

其一，是曾经遭到高岗的反对和参与了中央处理高饶事件的知情者对高饶事件的回忆。代表人物是薄一波和杨尚昆。

1993年，高饶事件时担任国家财经委副主任兼财政部部长的薄一波出版了《若干重大决策与事件的回顾》一书，其中专门有一节写了高饶事件；又过了8年，高饶事件时担任中共中央办公厅主任的杨尚昆在2001年《党的文献》杂志上发表了《高饶事件》一文，这篇文章后来又收录在他的几本书中。

高饶事件发生时薄一波是高岗直接反对的对象，杨尚昆是当时处理高饶事件的见证人之一。他们的回忆披露了高饶事件的一些细节，对于研究高饶事件自然非常重要。

其二，是曾与高岗共事并受高饶事件牵连的一些老同志回忆高饶事件，代表人物是赵德尊、张明远、张秀山、赵家梁。

1998年，中央文献出版社出版了《赵德尊回忆录》；2004年，中共党史出版社出版了署名张明远的《我的回忆》；2007年，中共党史出版社出版了署名张秀山的《我的八十五年——从西北到东北》；2008年，香港大风出版社出版了署名赵家梁和张晓霁的《半截墓碑下的往事——高岗在北京》。

高饶事件发生时，赵德尊任中共中央东北局秘书长，张明远任东北局第三副书记，张秀山任东北局第二副书记，赵家梁是高岗的秘书。其中的赵德尊、张明远、张秀山都因高饶事件被撤销了党内职务，下放到基层改造。赵家梁也因为是高岗的秘书而一直未得到重用。虽然"文化大革命"结束后，他们又多被中央重新起用，张秀山任国家农委副主任，中顾委委员；张明远任国家机械工业委员会副主任，全国政协常委；赵德尊任黑龙江省委书记。但终究是青春年华已逝，人生最好的时光已经不在。而且是虽然重用但对当年的处理并没有公开说法。所以，他们在回忆中不但披露了很多鲜为人知的史料，且对当年对高饶事件的处理都表示了不同程度的意见。

第二种情况：纪实文学作品对高饶事件的描述。

1999年当代中国出版社出版了马畏安著的《权力巅峰的迷津——高岗饶漱石事件始末》；2000年北京出版社出版了张聿温著的《死亡联盟——高饶事件始末》。这两部书的副标题几乎一样，都是高饶事件始末，而且都很畅销。但就研究角度而言，几乎都没有什么研究成分，只是按照以往的结论加上吸引读者眼球的细节描述。因此，没有必要对这两部纪实文学作品进行过多评述。

第三种情况：一些党史学者对高饶事件的研究。

从20世纪末期，一些党史学者开始重新探讨高饶事件发生的原因以及其中的一些史实，主要代表人物有原国防大学教授林蕴晖和中共中央党校现任教授王海光。

2008年，东方出版中心出版了林蕴晖著的《国史杂记——事件篇》，该书中有几篇文章涉及到高饶事件。如：《建国后毛泽东心目中的接班人》《高岗被定为反党的原因》等。

林蕴晖的文章大量引用了张秀山、张明远、赵家梁等关于高饶事件的回忆材料，认为：

刘少奇在延安整风之后就奠定了他作为毛泽东接班人的地位。但到建国之初，毛泽东心目中的接班人已经改变。步步高升的高岗已经取代刘少奇成为毛泽东心目中的接班人。

林蕴晖在文章中还提出：

高饶事件是“中共高层第一次权力角逐”。[1]

王海光撰写的几篇关于高饶事件的文章在网上有较大的影响，其中的代表作是《政争与权争——“高饶事件”起因再解读》。

《政争与权争——“高饶事件”起因再解读》一文对张秀山和赵家梁的回忆录极为推崇，认为：

近几年来，随着中国社会开放度的提高和当代史研究的史源扩展，有关“高饶事件”的许多新史料陆续浮出水面。特别是一些历史当事人的回忆录，披露了大量鲜为人知的第一手史料，掀开了被厚重的政治帷幕遮蔽的历史一角，使世人看到了事件原委的复杂性。如原东北局第二副书记张秀山的《我的八十五年——从西北到东北》，原东北局第三副书记张明远的《我的回忆》等个人著述，都具有极高的存史价值，许多史料首次公布于众，在学界和社会上都引起了强烈反响。

最近由香港大风出版社出版的原高岗秘书和管教组长赵家梁和张明远女儿张晓霁合著的《半截墓碑下的往事——高岗在北京》一书，是当前最完整地反映“高饶事件”的一部著作。作者依据高岗残存的检查草稿和笔记材料，钩沉史料，爬梳剔抉，将散落的历史断片一一拼接起来，基本上再现了这段历史

[1] 林蕴晖：《国史杂记——事件篇》，东方出版中心 2008 年版，第 127 页。

的本来面貌。虽然该书中心证过多，猜度过重，甚至不惜以文伤史，但提供了弥足珍贵的原始史料，披露了许多不为人知的关键细节，对"高饶事件"基本上梳理清楚了。

《政争与权争——"高饶事件"起因再解读》一文赞同林蕴晖文章中的观点，也认为：

"高饶事件"内含中共执政后的第一次高层权力角逐，影响巨大而深远。

《政争与权争——"高饶事件"起因再解读》一文还如其题目所言，集中从"政争与权争"的视角来解读高饶事件，认为：

"高饶事件"兼有治国理念冲突和利益冲突、政见之争和权力之争的双重性质。这个政争和权争，相互胶着，互为表里，阴阳交错，是我们解读"高饶事件"的关键所在。

第四种情况：中央研究机构关于高饶事件的最新表述。

在2011年建党90周年之际，中共中央党史研究室经中央批准出版了《中国共产党历史》第二卷，其中专门讲到了高饶事件。

该书二卷中关于高饶事件性质的主要表述如下：

在开始大规模经济建设和全面社会主义改造的过渡时期，党内发生了高岗、饶漱石反党分裂活动的重大事件。

高、饶的阴谋活动，其实质是利用党内某些本属正常的不同意见或看法，挑拨中央领导成员之间的关系，并故意将某些个别的、局部的、暂时的、比较不重要的缺点或错误夸大为系统的、严重的缺点或错误。从而造成党的分裂。

反对高岗、饶漱石分裂活动的斗争，是中国共产党在全国执政后，为维护和加强党的团结而进行的一次重要的党内斗争。

除了以上四种情况之外，还有一些借高饶事件之名以骗钱为目的的胡编乱造，如署名师东兵的《西苑风月》《高岗魂断中南海》等。

此外，从2005年开始，高岗家乡陕西省横山县的一些人陆续编写印刷了一批关于高岗的书籍和画册。包括：《高岗在西北与东北》《高岗在北京》《高岗文选》《忆高岗同志》《高岗事件考辨》《高岗革命历史画卷》等。他们还成立了“高岗研究会”，建起了“高岗纪念馆”，建造了高岗铜像和汉白玉塑像。

从上述介绍中可以看出，高饶事件虽然发生在60年前，但关于高饶事件的探讨在今天不但不能回避也无法回避更不应该回避。没有实事求是的科学研究，不能对诸如“查档事件”之类的热点话题作出令人信服的回答，流言蜚语就会大行其道，利用高饶事件攻击中国共产党者就会抢占先机，借机骗人钱财的行为也会有存在的市场。

2. 运用回忆录研究党史首先要对回忆录本身进行研究

众所周知，回忆录回忆录，本意就是当事人对自己经历的回忆。它在史学研究中的价值之所以是独特的，不可替代的，就是因为他是亲历者的记忆，是活生生的，有血有肉的。这是其他的史料所不具备的，这也正是回忆录的优点。

然而，世间的事情就是这么复杂，优点的另一个方面有可能就是缺点。由于回忆录是个人的记忆，而且是当事人后来对当年的回忆，基本上是晚年回忆青年、壮年。因此，任何人的记忆都不可能百分之百地准确，任何人的回忆录都不可避免地要带有回忆者主观上的色彩。

实际上，回忆录的优点和不足，正是回忆录的特点。研究者应该根据这个特点首先对回忆录本身的真伪进行细致的分析判断，然后才能加以运用。

换句话说，回忆录有些内容未必准确并不可怕，这是题中应有之义。但可怕的是，所谓的回忆录并不一定是本人的回忆，而不明就里的人却不加分析地认为就是当事人的回忆。

这样不加分析地以此为据，自然就会出现大麻烦了。

就党史研究而言，目前人们看到的回忆录大体上有三种情况：

第一种，确实是当事人自己写的回忆。此种回忆录虽然囿于个人的经历和记忆，也未必与客观事实完全合拍，但就个人回忆而言，是可信的。它是给别人提供的一件真实的史料，至于它的真伪，别人自会评判。

第二种，是当事人口述、别人整理、自己又审看过的回忆。此种回忆录的价值虽然与第一种有些区别，但仍是可信的本人的回忆。

第三种就比较特殊了，它是当事人有些文字或口头的回忆，整理者又根据这个回忆去查阅、考证相关史实，最后形成的回忆录。此类回忆录可能就史实而言更为详细，但它实际上已经超出了个人回忆的范围，其价值自然也不能与纯粹的个人回忆录相提并论。

因为此类书籍虽然名为回忆录，但此时的回忆录已经不完全是个人回忆的属性；作为研究著作，它又囿于个人记忆。所以，这种回忆录的局限性是显而易见的。

然而，虽然回忆录有这三种情况，但单纯从表面上，从书名上，读者是看不出来的，因为这些回忆录标明的都是当事人著。所以，在使用这些回忆录提供的史料之前，对其先进行去伪存真的辨析工作，就是必须的了。

在关于高饶事件的上述回忆材料中，无论是薄一波的《若干重大决策与事件的回顾》，还是杨尚昆的《高饶事件》，乃至《赵德尊回忆录》、张明远的《我的回忆》、张秀山的《我的八十五年——从西北到东北》、赵家梁的《半截墓碑下的往事——高岗在北京》等，无一例外，全都属于回忆录中的第三种情况。虽然这些回忆材料在高饶事件研究中的价值是非常重大的，但这些材料被后人加工创作的痕迹也是非常明显的。如果不对其进行分析判断去伪存真就照抄照搬，走入歧途就是难以避免的了。

3. 高饶事件是一场党内斗争但并不是党内高层的权力之争

高饶事件是我们党执政后所发生的第一场严重的党内斗争，成因的确很复杂，从不同角度来探讨也属正常。但高饶事件究竟是一场“党内斗争”还是党内高层的“权力之争”？这是在探讨高饶事件性质时必须首先搞清的重大问题。

一般而言，党内斗争是指党内同志之间在思想、政治和组织上出现原则性的分歧而导致的斗争。虽然党内斗争属于党内矛盾的爆发，但党内斗争的发生主要还是源于党内同志之间在工作中产生的分歧和矛盾。

当然，思想认识上的分歧也会发展成为政治路线上的矛盾和斗争，转化成为坚持马克思主义立场还是背离马克思主义立场、坚持党和人民的根本利益还是个人和小集团利益的两条不同路线的斗争。

至于党内斗争在特殊的历史条件下转化成为敌我斗争，则已经不是党内矛盾的问题，而是需要法律予以处理的范畴了。

权力之争则与党内斗争不同，它虽然也有可能源于党内同志之间在工作中产生的分歧和矛盾，但权力之争的实质是争斗的双方都置党和人民利益于不顾，都是为了一己私利而进行的权力争斗。

回到高饶事件发生的历史环境中就可以看出，新中国成立后，刘少奇与毛泽东之间在何时向社会主义过渡的问题上确实存在着不同认识，毛泽东也因此对刘少奇等人进行了一些批评。但显而易见，毛泽东的所思所想是如何尽快改变旧中国留下的一穷二白的面貌，即使他当时的认识有些过急，但也并不存在丝毫的个人私利。因此，毛泽东与刘少奇在新中国成立初期围绕着如何向社会主义过渡而产生的矛盾，完全源于党内同志之间在工作中发生的认识分歧，与所谓的权力之争并无关系。

实际上，关于高饶事件是权力斗争的论述忽视了一个基本的前提，就是毛泽东当时并不存在权力危机，并没有大权旁落的情况。因为从延安整风以后，特别是经过党的七大，毛泽东已经被称为“天才”，已经被全党公认为不可替代的领袖了。可以说，“毛泽东”这三个字，已经不单单地是一个名字，而是我们党的一面旗帜，已经融化在各级干部的血液中了。尤其是新中国成立后，毛泽东的伟大光荣正确，已经没有人怀疑，这时还会有人与毛泽东争权？可以说，无论是刘少奇，还是周恩来，甚至也包括高岗，当时并没有人不愿意接受毛泽东的领导，也没有人不想听毛泽东的号令。而且这还不是敢不敢的问题，干脆就是想不想的问题。

至于在高饶事件中，高岗本人要把刘少奇拉下来，自己来当毛泽东的接班人，这是高岗个人的一厢情愿。高岗本人有把别人搞下来自己上去的欲望不能等同于高饶事件本身就是权力斗争。因为道理也很明白，一个人的错误，能等同于党中央的错误吗？再换句话说，高岗要争权，能等同于刘少奇也要争权吗？

高饶事件是一场党内斗争，但不是什么权力之争。因为它的起因，源于党内高层对于何时、如何向社会主义过渡的分歧，主要是毛泽东、刘少奇对于这个问题的认识有很大的不同，这是根本的原因。高岗只是看到了这种分歧之后，开始利用这种分歧来谋取自己的私利，想把刘少奇拉下来自己上去，这就是高饶事件发生的基本原因。

所以，所谓的高饶事件，应做如下表述：

高饶事件，是党执政后在抉择何时向社会主义过渡的特殊时期，所发生的一场党内斗争。

这个表述突出了事件发生的背景，是在确定何时向社会主义过渡的特殊时期；也强调了事件的性质，是一场党内的斗争。从而也表明，高饶事件既不是什么权力之争，也不是什么国内外阶级斗争在党内的反映。

附　录

史　料

一、访问郭峰谈话记录

说明：笔者与同事自1999年5月9日至2004年11月4日，就高饶事件的相关问题，共访谈郭峰18次，每次访谈均有记录。本文收录的是2000年2月17日的访谈录。本次访谈地点在中共辽宁省委党校1号楼3会议室，参加访谈的人员除笔者外，还有赵晓光、罗占元、冯树成、曹明远及郭峰秘书孙平。之所以从众多访谈录中收录这一篇，是因为这次访谈的主题就是请郭峰谈所谓的“查档事件”。

问：赵家梁说毛泽东曾经让高岗查刘少奇在满洲省委的档案。我问他有何依据？他说是高岗在管教组期间讲的，但结果不知，当时高岗交给张秀山办理。您是否了解此事？

郭：我是1952年6月底，“七一”时去东北局上班的，当时忙整党业务没注意这事。但在这之前，发生一个中国驻苏大使参赞张冠有叛变嫌疑，中组部从苏联将其调回，交东北局将此事搞清。张冠本人不服。当时是由干部处长李正亭、纪委张子衡查这件事，我来前已开始查。

李正亭负责这件事，我没参与。

据李正亭与我讲，张冠确有叛变的事，就不再任参赞了。

我在满洲省委工作过，知道有些老地下党出狱后，有些历史问题需要审查。李正亭从张冠案说起，要把一些在东北工作过的同志的历史问题查清楚。如：当时任辽东省委公安局长的孙雨泰等，都涉及历史问题，要彻底查一下。我表示同意，并与张秀山讲了。然后组织了一个班子，由李正亭负责，对一些干部历史问题清理审查。

从我了解的情况，发起就是如此，是从张冠之事发起的。我没听说是毛主席有旨意，从未听说过，只是赵家梁这次这样讲。高岗、张秀山都没提到过这件事，从来没听说要查刘少奇的问题。是否毛主席告诉高岗，高岗又让张秀山个别进行的？如有此事，我管干部总也能有点了解。

东北局纪委科长李纯六参加了清理档案工作。这项工作由我管，李正亭负责。

李纯六查敌伪档案，后来一直要查刘少奇问题，是否有张秀山授意？

清理敌伪档案是普遍查，李纯六负责一个组，还有一个干部处副处长、一个叫张华的人也各带一个组，总负责人是李正亭。

在此期间，发现满洲省委批判刘少猷右倾腐化问题，也发现刘少奇在满洲省委的一些文件，但没有发现刘少奇在此工作有腐化问题。

当时李纯六主张刘少猷的名字就是刘少奇，说二者是一个人，可能是笔误。

我说，不行，必须坚持原貌。他坚持要改，我不同意。而且之前他也请示过李正亭要改。由于我不同意，没有改。

事后，李纯六总要把二人弄到一块。当时还从中央档案馆要了一些材料，也未证明二者是一个人。

高岗事出来后，李纯六揭发说，高岗要查刘少奇在满洲省委档案，让郭峰、张秀山布置查，而且要把刘少猷与刘少奇弄成一个人，给刘少奇栽赃。

这时我已下放到大连，王铮负责干部问题，他派人到大连找我谈此事。我说恰好相反，是他要搞，我反对。

“文革”时期，李纯六又跳出来，说当年我要查刘少奇档案，郭峰不让查。我只好又写材料，后来查清了。

李纯六当年是造反派，但运动后期也受打击。

据我了解，张秀山没有向我讲，也没有向李正亭讲此事。是否向李纯六讲了？不知道。

我来中组部前就清理张冠的问题了。

清理档案共整理了 12 本，分抗日联军、满洲省委等，李纯六有个前言。

这 12 本档案应该还有。当时给中央档案馆、中组部，东北局几个书记、组织部长各一份。东北留了 5 份。

张冠也参加了材料的整理，此人目前也许在长春。

李纯六在鞍山，政协副主席退下来的。

我接触高岗一年半，知道高岗有这个毛病，一些事情不怎么了解，也许有不同意见，但一听说是毛主席同意，他就说毛主席跟我说过，夸张自己。在组织工作会上，张秀山的发言，一开始是八条，高岗不同意讲。后来高岗去南方了，刘少奇让张秀山讲，张秀山才讲的。后来张秀山的发言稿，给我和赵家梁看了，讲了五条。讲后，一些组织干部反映讲的好。这些话传到南方，正在南方的高岗听了，就说是他让写的，还说自己改过。高岗出事后揭发他这件事，他又说他不知道。

当时东北局查敌伪档案成绩很大，高岗也许又借毛泽东的话抬高自己。有时候是毛主席讲过，有的也许是暗示，也有的是他按自己的理解去讲的。也许夸张了，歪曲了。他有这个特点。

高岗理论水平不高，但也很注意学习。我亲眼看见他在毛主席的著作上划了很多的道道，而且还与我说，要好好学习毛主席的著作。

高岗确实是善于揣摩毛泽东的心理，然后再去做事情。但高岗也很钻研问题。马洪曾经帮助他搞一些材料，但主要的观点还是他自己的。

东北局审查档案一事，成绩很大，高岗也许又借主席抬高自己。

问：高岗在东北局工作期间是否排挤过林枫？

郭：这件事张秀山、马洪能比我更清楚，高岗在东北工作期间排挤林枫确有其事，这主要来自于解放战争时期的矛盾。

彭真、林枫都在北方局工作过，曾接受刘少奇的领导，彭真来东北后主持工作，高岗、陈云都去了北满，东北局虽然是集体领导，但彭真依靠的一文一武是林枫、吕正操。高岗等与彭真在建立东北根据地的问题上有着严重的分歧。陈云、高岗、林彪三人观点一致。

1949 年东北野战军入关后，高岗主持东北局工作，曾借口总结东北工作为名想弄清争议的问题。但刘少奇曾与他们谈要团结为重，饶漱石也曾经来讲过，要互相宽容、谅解，不能老是揪住不放，回去后也是向少奇这样汇报的。高岗对此不太满意，49 年也曾为此事批评过彭真，彭也不深不浅的有个检讨。

高岗在主持东北局工作时一直认为林枫是彭真的人，对他也不太重视。高岗离开东北时，对林枫主持工作仍是不放心，会上布置工作虽然讲由林枫牵头，但背后还是鼓动张明远、张秀山（两个副书记）要以他们为核心。记得，在高岗离开东北之前，我曾找他汇报工作，恰好碰上他与张明远谈话，告诉张他走后要好好干，要围绕核心，但这个核心不是林枫，而是张明远、张秀山和郭峰，（也许因为我在场）。张明远可能是觉得不对，马上补充一句说，核心应该是常委，林枫、王新……以下没讲。高岗在走之前能与张明远谈这些，与张秀山也一样。

但高岗在“三反”中是否陷害过林枫，最好还是问问马洪。

记得 1951 年上半年，中央还没明确提出“三反”“五反”时，高岗就在东北率先搞反对资产阶级右倾，反浪费、反铺张，得到毛主席的肯定，毛主席批示后，全国才搞起来，但毛让薄一波主持全国的“三反”“五反”。在东北局贯彻中央精神的大会上，原定高岗讲话，但高岗突然不讲了，临时让林枫讲。林枫只得仓促上阵，非常被动。这实际上是高岗不愿意接受薄一波的领导，但也算不上陷害林枫。

高岗一再强调路线斗争，政治上要警惕，组织上也要警惕。不断提醒林枫不要犯方向路线错误。

问：饶漱石是否直接讲过中组部要以郭峰为核心？

郭：饶漱石从来没有跟我讲过这样的话。他当时找我谈，让我到中组部工作，我说我还是愿意留在东北，饶漱石说，你应该来，东北解放得早，工业发展得快，管理工业干部有一定的经验，你来任副部长管理工业干部比较合适。当时各大区组织部长都调来任中组部副部长，各管一面。

在东北局高干会议上周恩来曾经讲过这件事，可能是根据座谈会上的揭发材料说的。至于饶漱石与高岗或其他人是否讲过，我不知道。但这却是高饶联盟的证据之一。

问：周恩来在东北局高干会议上的讲话是否讲了很长时间？

郭：下午讲的，晚间车走，没有六七个小时，但也很长。

问：受"高饶事件"影响的其他人后来怎样？

郭：除了"五虎上将"以外，其他人都平反了。如：赵石、金铁群、杨易辰、陈伯村等。

问：高岗在抗美援朝出兵问题上是否犹豫？

郭：高岗在这个问题上站在东北的角度上考虑，即使犹豫也是很正常的。战争如果打起来，东北成为前线，必然有很大损失，他必然要有所顾虑。但毛主席一旦决策了他也会坚决执行的。我在辽西时向他汇报支前工作时，他说过，毛主席有决心，彭总有决心，我一定全力支持。

二、郭峰在“文化大革命”期间就东北局清档工作写的“交代”材料

说明：此文是郭峰于1968年2月13日，按照有关方面的要求，就1952年东北局清理敌伪档案一事写的交代材料。

此文从未发表。

（一）清理敌伪档案问题提出，是中央组织部指示审查张冠问题

以后在工作中发现很多有关干部历史问题的档案材料和有关满洲党史的资料。当时干部处同志和工作组同志提议把这一工作范围扩大，增调人力来搞。我当时同意，积极支持，直到这一工作结束我都是重视的。我为什么对这件事积极、重视？是否有不可告人的目的？没有。老实的说没有。因为当时我只想到这一工作是组织工作一项基本建设工作，对于今后审查干部和研究满洲党史都是有重要意义的。当时在这个工作上完全

没有想去搞刘少奇什么问题。是否想到搞敌伪档案与自己历史问题的关系？这是想到了的。当时我的思想上是毫无顾虑的。因为我当时认为我1933年被捕入狱是没有大问题的。有些问题我在1943年整风审干时都作了交待，都是真实的。在清理敌伪档案中如能清理到与我有关的档案，只能证实我的情况和我过去的交待，对于弄清我的问题有好处。所以当时我是认真积极支持来搞好的。

清理敌俘档案工作是1952年八九月间开始到1953年四五月或五六月结束的。为什么结束？主要是由于当时审查张冠的任务已经完成，弄清了张冠是叛变投敌分子。当时收集有关干部历史问题敌伪档案材料也差不多了。当时在沈阳、哈尔滨、大连、长春以及抚顺、丹东、锦州、吉林都进行了工作。据工作组同志说有些材料不全，但能查找的地方均查过了，再也查不到了。因此决定进行整理，结束这一工作。当时并没有进行大规模审干工作，只是为审干做准备。当时结束这一工作还有些次要原因，是当时各省市委组织部对于调到东北局组织部来搞干部材料的人要求回去（离省太久）。同时，东北局组织部特别是干部处要准备当年中央召开的组织会议的材料，主要是有关干部管理和干部调配问题，感到力量顾不来，因而决定结束。

把当时扫尾（即整理打印等）工作，归并到干部处内一部分人管起来。

有人说材料未收集完即结束，是否有别人指示要停止，以防止清理到与他的有关问题。我当时没有接到中央任何部门或哪个人有过这样指示，我也没有接到林枫、张秀山的指示。是否我自己怕清理到我自己头上，决定结束呢？我从未想到这一点。反之，我是一直积极重视的。关于这个问题，即结束问题，还可以向李正亭（中央劳动部副部长）、赵达（安徽或浙江省委组织部长）、张专庚（中央组织部处长，原干部处副处长）、李纯六（现鞍山市木材公司副经理）等人做调查。当时结束完全是根据工作发展情况决定的。

（二）在清理敌伪档案过程中，我是怎样抓这一工作，有无非法活动

我对这一工作是重视的，积极支持的。但是我当时并没有直接的具体抓这一工作。就是说没有直接参与审阅材料或参加研究材料。也没有具体指导如何整理材料等等工作。当时具体管这一工作是李纯六（当时是纪委会的一个副处长）。在组织部责成干部处管，主要是当时干部处长李正亭管。有些工作问题李纯六与李正亭商量决定。他们决定不了的找我解决。以后工作范围扩大，人数增多，工作大致分两大部分。一部分党史资料部分由李纯六侧重负责，一部分干部历史问题档案材料由刘华（干部处一科长，现在何处，不知）、李正亭管。他们有问题有时分别找我谈，有时一起碰头谈。而我当时主要精力是：在52年八九月至十一二月抓基本建设部门如何建立政治机构问题研究及其建部门干部调配。53年冬春主要农村整党建党问题。因之，对于当时清理出来一些什么材料，我未过问过（当然在碰头时也听到过一些汇报）。我当时没有注意查看过，更没有找与我自己问题有关材料看过。在清理敌伪档案过程中，我从未向工作人员透露过我在东北被捕，住过狱（到1954年2月透露过，情况详后）。在当时，我自认为我是懂得组织工作规矩，是守纪律的。

我当时曾经看到过几个人材料如杨一辰（河北省副省长）（应是杨易辰）、杨圣白（当时辽西省统计局长）、夏尚志（当时辽西省农业局长）、罗锋（原东北教育部副部长），还有几个人记不得了。当时所以要看是由于干部处提出这些人要处理，如罗锋要调中央教育部工作，杨一辰材料安东省委要（原来杨在安东工作），夏尚志材料是辽西省委提出能否做结论等等。这些问题需提到东北局去讨论，所以我曾看过。其他绝大部分材料我在清理敌伪档案过程没有看过。也没有看过与我自己有关的即1933年吉林特支被破坏的材料。关于这一点也可向上面所说的有关人员调查，我没有任何非法活动。

（三）清理敌伪档案的结果，曾经编辑成册的材料有两大部分，也是两种

一是关于满洲党史资料汇编，一是有关干部历史问题敌伪档案材料汇编（这两个材料名称，记不很准确，大体是这样两种性质的）。

关于满洲党史资料汇编是由李纯六负责编辑的。编完，打印汇编成册，共装订13套。这个材料我看过，大约是在53年上半年或是53年春节前后，记不清楚（总之是已经整理装订成册以后）。我看到其中有关于1933年吉林特支部被破坏的情况的材料，是当时满洲省委到吉林巡视的同志写的报告，是事件刚发生后，他从吉林转移后写的。我看到写的情况与我的经历情况基本属实。这个党史资料，都是党内文件、报告等，没有关于吉林特支部被破坏、被捕人在狱中表现材料。这是我首先看到与我有关的材料。我看到这个材料认为合乎事实，没有别的问题，我也没向人谈论过。

关于另一个材料即关于干部历史问题敌伪档案材料汇编。这是当时东北局组织部干部处最后汇编成册的。是在处理档案过程中按人、按每一个案件整理，打印编辑的材料。在整理过程中，凡涉及属于省市委管的干部均把每个干部的单项材料或专案材料转给有关省市委，东北区、外省的，转到中央组织部。东北局管的干部留东北局组织部。在后期干部处把各个专案或有关每个高级干部的有关材料汇编成册，留在东北局组织干部处，以便查找使用。装订多少册，我记不清楚了。

这个材料我也看过，也是在最后装订成册后，时间较晚，是在 1954 年一二月间我才看到的。我看到其中也有 1933 年吉林特支部被破坏的材料。这里收集的主要是被捕人在狱中的口供摘要及一般破坏组织的经过。看样子是敌人（日寇）宪兵队整理的材料（也不是被捕人被审讯的记录）。材料前头讲的是破坏吉林特支组织经过，后面附了 11 个人的口供摘要（我记得是 11 人）。我看到所附 11 人口供整理摘要，其中 10 个人的大体符合实际情况。唯独在张其义的口供摘要上有这样的提法："由于金景、郭连郊的供述被捕……" 我看到很诧异，说的不符合事实，不是材料整理上有问题，就是原材料上有差错。但涉及到我个人问题，我不能直接查问。过了几天，我趁着高扬（当时调其任组织部长已到职工作）、喻屏（仍是组织部副部长，要调财经部，尚未走）在办公室的时候（在喻屏办公室），我向他们提出有个关于敌伪档案中的问题要核实一下。他们同意，我又找李正亭（当时财经部副部长，准备与喻屏对调到组织部副部长，他在干部处时一直管清理敌伪档案工作）、赵达（当时干部处副处长）参加。然后请材料整理人聂朝圣（干部处干事）来，当场把材料摊开。我当时提出张其义被捕的问题是根据什么材料整理的，他说根据敌人（日寇）的原材料翻译整理的。当即请其将原件拿来对照核实结果。张其义被捕是写的“由于金景供述”，并没有郭连郊字样。当时问及怎么加上郭连郊的名字，当时聂朝圣同志承认一时疏忽了。原以为金、郭是一起被捕入狱，一起受审，没有仔细研究就把两人名字都写上了（大意）。当时我没有再说什么，没有批评他，也没有提出要他修正整理材料。我也没有透露这个案子与我有关，郭连郊就是我。当时李正亭说了几句话，大意是整理材料要实事求是，不能随便增加一个人名或减少一个人名。我记得当时高扬、喻屏也没说什么，之后请聂朝圣回去了。

我和李正亭、赵达（高扬、喻屏也在）说，整理敌伪档案一定要保持本来面貌，不能随意更改。李正亭说没想到整理敌伪档案还会出什么问题，看来这一工作也不简单，可要慎重。当时高扬、喻屏说了什么我记不得，就这样结束了。以后那个档案材料上的关于张其义的被捕问题改没改我也不知道。就由于这个问题，我在55年—56年审干时，我在大连给组织上写材料曾提出要求请组织注意研究敌人原始材料，对于重新翻译打印的材料其中有差错，我就是指这个说的。

以上就是在清理敌伪档案中涉及到与我有关的情况和我的态度和活动。除此再没有其他任何活动，更没有非法活动。在这个问题上为什么我自己出面来核实呢？因为当时我已离开组织部了。部长高扬，喻屏等都在，我想向他们提出，请他们进行核实，但又怕他们工作一忙撂下或忘记了（这在整个组织部工作上，当然不是重要的）。而这个问题关系我自己问题，我急于想弄个水落石出，同时我又坚信一定是整理材料中有差错，不然我调走以后就弄不清了。出于这种心情来做的，如果有错误我愿意检查。这个问题核实后，我再没有和谁谈过，我更没有说是我的问题。当然，经过那样一个核实过程，高扬、喻屏，以及李正亭、赵达是知道有关我的问题。聂朝圣以后会不会知道，我再未与之谈过，估计李正亭、赵达可能与之谈到。关于这个问题我想李正亭、聂朝圣、赵达会记得的。高扬、喻屏也是能回忆起来的，可向这些人考察我所说的是否属实。

（四）清理敌伪档案过程中是否有过销毁档案的问题？对于这批档案材料是怎样处理的

关于清理出来的大批敌伪档案原材料，当时是没有转送给各省市。我记得李正亭提出过打箱保存起来以备将来用时便于查找，当时我同意这样办。当时我的印象里大部分存沈阳东北局组织部干部处，一部分在哈尔滨搞的材料，似乎未拿回来存在哈尔滨市。当时，一直到 1954 年 3 月，从未做过销毁这批敌伪档案的决定。我也未接到中央任何部门，任何人指示，要销毁这批档案。

至于有的材料上提到我奉安子文指示，把发给各省市的材料全部收回，并规定有关这次清理敌伪档案材料一般人不得查阅等等，这是不符合实际情况的。我也没有接到过安子文这样指示，也没作过那样的规定。关于这个问题也请向有关人员李正亭、张专庚、赵达等人核实。

至于说 54 年 3 月以后有没有发生过销毁敌伪档案，或者收回发给各省市的有关资料等，那我就不知道了。

以上就是有关清理敌伪档案问题与我个人关系的全部

情况。

× ×

由于谈到清理敌伪档案问题，请允许我附带提供一些情况和建议。根据53年清理敌伪档案时，我了解到有关我被捕入狱的一些材料（如上述）和文化大革命以来各个革命群众组织调查、收集到的敌伪档案材料，使我了解到：关于1933年吉林特支部被敌破坏，有关人员被捕的材料，就党内来说，当时满洲省委的调查报告材料也不是一二份，很多。由于调查报告时间不同，报告人所听到反映、了解范围不同，各个报告是会有些出入的。同时当时敌人（日寇）与伪满机关的一些报告材料，也因各个机关了解的材料不同，直接或间接的情况不同，有的是第一手材料，有的是来自第二手和第三手材料，内容也不完全一致。我认为对敌伪档案也不能说啥是啥，需要做阶级分析，需要和活的情况（向人做的调查）结合起来研究，才能得出真实情况。我所以提出这个问题，就因为最近长春公社来调查核实材料时，曾经向我提出一个敌人档案材料，即敌人山口部队于昭和九年的一个报告材料上说到我被捕后，供出冯毓生、常家椿以及吉林一中、吉林一师等各学校组织人员等等，我听到后感到那些情况都正是金景供出的，惟独把名字写到我头上来。我当时既不知道冯毓生、常家椿的组织关系，又不知吉林一中、吉林一师的组织情况，我就是要供也供不出，就这一点单凭敌伪档案就是不可靠的（还可找活的人核实看看我到底知不知道冯毓生等人组织关系）。我只举这样一个例子，至于说敌人的档案、报告是存在一些虚夸、歪曲或道听途说，不真实的问题就更不用说了。我承认敌伪档案的有效，那是指最根本的也即最原始的材料，即第一手材料（不是那些一般反映情况报告），是我在日本宪兵队时敌人整理我的供认材料。那个材料敌人曾念给我听了一遍，我按了手印的，我承认这个原件有效。其他的一般报告或是一般记录就不能认为百分之百的准确，就需要多收集一些材料加以对照分析，真实情况不难得出的。最后我再次表示我完全相信革命组织定能正确分析，实事求是做出结论的。我相信党，相信群众，我自己也有信心。

以上所说如有错误请给予批判。

郭峰（1968 年 2 月 13 日）

三、《东北地区党的高级干部会议关于拥护七届四中全会和讨论高岗、饶漱石问题的决议》(一九五四年四月二十四日通过)

说明：东北地区党的高级干部会议在最后一天通过了两个文件，一是《东北地区党的高级干部会议关于拥护七届四中全会和讨论高岗、饶漱石问题的决议》，二是《东北地区党的高级干部会议向中央的建议》。《建议》文字很少，内容如下：

“东北地区党的高级干部会议鉴于张秀山、张明远、郭峰、马洪、赵德尊等同志均积极参加高岗反党反中央的宗派活动，错误十分严重，特建议中央撤销他们现任东北局副书记和东北局委员及其他党内职务。”

《决议》文字较多，全文如下：

（一）

东北地区党的高级干部会议与会同志听了周恩来同志关于

党的七届四中全会决议和高岗、饶漱石问题的传达报告，大大提高了觉悟，坚决拥护七届四中全会所通过的《关于增强党的团结的决议》、刘少奇同志受中央政治局和毛泽东同志委托，在全会上所作的报告，认为这个决议和报告是我党生活中具有重大历史意义的文件。对于东北地区党的组织，尤其是给了特别沉重的教训。与会同志对于高岗阴谋分裂党以图夺取党与国家领导权力的罪恶及饶漱石参与高岗阴谋活动的反党罪行，表示深恶痛绝，极为愤慨；并认为党中央及时地揭发和坚决地制止了高岗、饶漱石的罪恶活动，对于中国革命事业与保卫世界和平的斗争是一个很大的胜利。

此次会议在中央的密切指导和关怀下，充分发扬了民主，开展了批评和自我批评，进一步揭发了高岗的罪恶。会议表现了在对高岗及其同盟者饶漱石的反党罪行的斗争上的一致性和团结性，并对党中央和毛泽东同志表现了高度的信任与拥护。会议完全同意周恩来同志“在关于高岗问题的座谈会上的发言提纲”，认为高岗的罪恶活动不是一种偶然的事件，而是资产阶级在过渡时期企图分裂、破坏和腐蚀我们党的一种反映，高岗业已完全变成为资产阶级在我们党内的实际代理人。会议并严肃地、尖锐地揭发和批判了东北局若干负责同志参加高岗反党反中央的宗派活动，提高了大家的政治警惕。与会同志表示：决心彻底肃清高岗在东北地区所造成的一切恶劣影响，并将以实际工作来补偿由于这种恶劣影响所给予党和人民事业的重大损失，建立和健全党的正常生活，把维护党的统一和团结，巩固和提高中央威信，当作我们经常的最重要的任务。

(二)

会议认为东北地区在党中央和毛泽东同志的正确领导下，由于各级党组织、全体党员、全体工人阶级和劳动人民的积极努力，基本上执行了中央的路线和政策，同时由于地区解放较早、原来的工农业基础较好、中央派来的干部较多、中央对于东北的经济恢复工作给了许多便利并动员了全国力量首先在东北进行巨大的建设工作、以及苏联的大量援助——这一系列的优越的条件，因而在工作上取得了一定的成绩。但东北地区党的组织在许多工作和具体贯彻中央政策方面，同时也存在着严重的缺点和错误，特别是东北局在高岗问题上犯了极其严重的政治错误。东北局对于高岗的罪恶活动的发展是负有重大的责任的。

根据与会同志揭露的事实，证明高岗的夺取党与国家领导权力的野心和阴谋，蓄意已久。他认为中央领导同志是他夺取中央权力的障碍，便千方百计地对中央领导同志实行卑鄙的造谣诬蔑，企图由此达到他推翻中央的领导，实现篡党、篡军、篡政，按照他所代表的资产阶级个人主义的面貌来改造我们的党和国家的目的。他在担任东北局书记期间，即有计划地散布反对中央领导同志的流言蜚语，破坏中央威信，采用两面派的手法，进行反党反中央的宗派活动，实行派别性的干部政策，造谣挑拨，破坏党的团结，利用东北广大干部和人民群众在党中央领导下所创造的成绩当成他进行反党反中央的宗派活动的政治资本。他把个人放在组织之上，把东北地区作为自己的独立王国，把东北局摆在和党中央相对立的地位。他在实际上否认党中央的领导对于东北工作的决定作用，用所谓"东北特殊论"与"东北先进论"来和中央竞争领导的地位，有意地不着重宣传东北工作的成绩是由于执行中央路线的结果，同时还采用某些“左”的词句迷惑一些党的干部，以求掩饰他的反党、反人民、反国家的实质。高岗制造我们党是军队创造的所谓“军党论”的荒谬言论，企图藉此来分裂全党干部的团结从而实现他分裂党的阴谋。高岗并在中苏及中朝的关系上，拨弄是非，进行不利于中苏及中朝团结的阴谋活动。至于高岗私生活的极端堕落腐化，则已完全丧失了共产党人的道德。会议认为高岗这一切阴谋分裂党、夺取党与国家领导权力和腐蚀党的罪恶活动，实际上是对于我国社会主义革命和社会主义建设事业的破坏，是为反革命的复辟开辟道路。高岗这种罪恶活动是党和人民所绝对不能容许的。会议完全拥护中央对于高岗问题加以严肃的处置。

会议认为东北局对于高岗反党反中央的非法活动，对于他反对中央领导同志的言论，对于他的派别性的干部政策及其家长式的领导作风，失掉了原则立场，既没有进行批评和抵制，又没有向中央报告。在高岗的影响下，东北局的不少同志往往错误地强调东北地区的特殊性，往往夸大东北地区在支援抗美援朝和进行经济建设中的功绩，往往在工作中缺乏实事求是的态度，对中央报喜不报忧，甚至以各种借口抵制中央的检查和批评，对中央的某些政策采取不忠实的态度。更为严重的是在干部与群众中，不注意宣传党中央的领导对于东北工作的决定作用，不注意巩固和提高中央的威信，不注意宣传党的集体领导的原则，提倡个人崇拜，替高岗个人捧场吹嘘，捏造高岗个人的功劳，包庇高岗的错误，对于高岗那种腐化生活的大量事实熟视无睹。东北局有些同志或者对于高岗有不同意和不满意的情绪，但也没有在实际上正式提出反对的意见或报告中央。

会议认为东北局没有负起中央代表机关的责任，有负中央的委托。

根据与会同志揭露的事实，证明东北局若干负责同志为了达到他们的卑鄙的个人目的，不顾党的纪律，在不同程度与不同范围内追随高岗诬蔑和攻击中央领导同志，破坏中央威信，挑拨党内是非，制造党内不和，实行派别性的干部政策，因而在实际上参加了高岗的反党、反中央的宗派活动，形成了一个以高岗为核心的反党反中央的宗派。东北局若干负责同志接受高岗的策动，接受高岗所谓“东北特殊论”和“东北先进论”这些反党的观念，在实际上把东北局和党中央对立起来。同时，这些同志一方面替高岗吹嘘装潢，包庇他的错误和罪恶；另一方面，又在高岗的指使和支持下，故意地孤立林枫同志，即在高岗离开东北地区后，他们实际上仍然帮助高岗把持东北局的领导，致使林枫同志难以行使职权。这是一种严重的违反党的组织原则和政治原则、破坏党的团结的不可容许的错误。会议指出，这些参加高岗反党反中央的宗派活动和在高岗问题上犯了严重错误的同志，必须继续进行深刻检讨，停止一切宗派性的活动，脱离原来宗派的立场，把宗派活动的情况向党彻底交代，以便回到党的立场上来；否则他们就会犯更大的错误。

会议同时指出：东北局及东北地区高级干部中还有一些在高岗问题上犯有个别错误或部分错误的同志也必须认真检讨自己的错误。在这次会议上，有的同志已开始认识并表示决心改正自己的错误，这是值得欢迎的。

（三）

会议认为党中央和毛泽东同志在东北地区的高级干部及广

大的干部、党员中，有着崇高的威信，因此，能够保证东北地区党的组织基本上执行了党中央的路线。但是，高岗所代表的资产阶级个人主义的思想作风，在东北地区的一些干部中，特别是在一些高级干部中，有着相当广泛的影响。当然，他们所受影响的深浅程度是不一样的，有的受影响是部分的，有的受影响则有较多的方面。受高岗的直接影响与一般的个人主义和自由主义也是有区别的。应该指出：东北地区有不少干部对于高岗的恶劣的思想作风和腐化行为，内心是有抵抗和厌恶的，但是没有积极采取严肃的态度去加以揭发和进行必要的斗争，这却是错误的。

高岗在东北地区的一些干部中，特别是在一些高级干部中所造成的影响，主要的表现，例如：滋长着一种极端危险的骄傲情绪，忽视东北地区工作的成绩是因为中央领导的正确和有了如前面所说的一系列的优越的条件，受了高岗所谓“东北特殊论”和“东北先进论”的蒙蔽，自以为先进，自以为正确，自以为一切工作都比其他地区好，忽视中央的领导，既不虚心学习其他地区的经验，也不认真去研究、总结和不断提高本地区、本部门各种工作的经验，不愿意正视和检查工作中的缺点与错误；喜欢人家奉承赞扬，不愿接受批评监督；错误地夸大个人作用，忽视党的工作和党的集体领导，不强调党在各种工作部门中的领导和监督的作用；无组织无纪律的现象颇为严重；自我批评和自下而上的批评很不开展；个人主义、自由主义、分散主义、本位主义相当普遍的存在；有的地区和部门党内生活很不正常，有浓厚的不问政治的倾向，原则空气稀薄，以及铺张浪费现象，均没有受到党组织严格的批评和斗争；更严重的是有的高级干部竟然抄袭高岗在东北局所使用的那一套而用在他自己所领导的地区或部门，实行按照高岗的资产阶级个人主义的面貌去从事改造那里的党的组织。这一切的倾向和现象都是很危险的。会议对于这些危险的倾向和现象，进行了初步的检讨和批判，认为这些危险的倾向和现象证明了高岗的资产阶级个人主义在东北是有它的市场的，必须引起东北地区全体党员特别是高级干部充分的警惕，并必须认真地及时地克服这些危险的倾向和现象。

（四）

会议认为全区党的组织，必须根据七届四中全会的决议，本着此次会议的精神，进一步揭发高岗的罪恶，粉碎高岗反党反中央的宗派，彻底肃清高岗的影响。全区党员首先是高级干部，应该从高岗的事件中吸取教训：独立王国的思想必须消灭。"军党论"的荒谬论点必须肃清。派别性的干部政策必须纠正。党内非法活动必须禁止。一切骄傲情绪、自由主义、个人主义、宗派情绪以及崇拜个人的思想和宣传都应受到严格的批判。资产阶级的思想作风及其腐化生活对党的侵蚀必须坚决反对和防止。党的统一领导和集体领导的原则必须坚持，中央的方针政策必须贯彻，党纪国法必须绝对遵守和执行。党内的自我批评和自下而上的批评必须发展，压制批评及对批评的人实行打击报复者必须严厉制裁。党内任何干部必须无例外地受到党的组织和人民群众的监督。马克思列宁主义的教育和党性的锻炼必须加强。共产主义的人生观必须确立。

会议坚信东北地区各级党的组织和全体党员，在党中央和毛泽东同志的领导下，一定能够紧密地团结起来，彻底肃清高岗的影响，坚决贯彻七届四中全会决议，加强党的思想工作和组织工作，加强党组织的战斗性，加强党与人民群众的联系，为逐步实现党在过渡时期的总路线而奋勇前进。

会议同时鉴于东北局多年来受高岗的把持，东北局若干负责同志曾经积极地参加高岗反党反中央的宗派活动，因此请求中央考虑改组东北地区党的组织的领导机构——中共中央东北局，以整顿和严肃党的纪律，维护党的统一和团结，并从而改进党的工作。

后　记

《高岗传》出版后，多次有人问我："你写高岗传，为什么不写毛泽东让高岗查刘少奇档案的事？难道你不知道这件事吗？"

我也不止一次地回答说："我在《高岗传》中确实是只字未提这件事，但这不等于我不知道有人在讲这件事，而是因为我还没有搞清是否真有这件事。"

没有搞清，就要继续研究。因为所谓的"毛泽东让高岗查刘少奇档案"一说的真伪，不仅仅是我个人的"高岗问题研究"中一个无法回避的课题，更是中国共产党历史研究中一个亟须澄清的重大问题。

因为没有实事求是的历史研究态度和严谨翔实的分析论证，张冠李戴以讹传讹的虚假信息就会大行其道。

之所以会出现形形色色的"毛泽东让高岗查刘少奇档案"版本，固然有多种多样的主客观因素，但没有以史为据的研究仍是主因。

然而，考证这样一起年代久远且牵涉到党内高层人物传说的真伪谈何易事？

说来也是幸运，我在撰写《高岗传》的过程中听说了此事，也力所能及地调查了与此事相关的一些情况，尤其是与了解和传说此事的郭峰、李力群、赵家梁等人进行了反复的交谈。

可以说，这部书虽然是一本研究著作，但我的工作主要是把前人们的相关叙述编排在了一起。而且编排的是否得当，还需读者评判。

感谢所有为此书的写作、出版给予帮助和阅读、批评此书的人。

此书的很多调查材料是我与同事也是《高岗传》的合作者赵晓光教授共同收集的。

戴茂林

2014年9月6日于老茂斋